MERIAN *live!*

Jütland

Peter Minde

GU GRÄFE UND UNZER

Das Muschelhaus in Thyborøn gehört zu den meistfotografierten Motiven

INHALT

Willkommen in Jütland

Eine Region stellt sich vor	4
Anreise und Ankunft	14
Jütland mit und ohne Auto	15
Hotels und andere Unterkünfte	18

Jütland erleben

Essen und Trinken (mit Eßdolmetscher)	22
Einkaufen	29
Mit Kindern unterwegs	31
Sport und Strände	35
Feste und Festspiele	38

Sehenswerte Orte und Ausflugsziele

Nordjütland: Von Bulbjerg bis Aalborg	42
Ostjütland: Von Allingåbro bis Århus	58
Südjütland: Von Als bis Åbenrå	84
Westjütland: Von Blåvand bis Aalestrup	94

Routen und Touren

Mit dem Rad: Der Heerweg	111
Mit dem Rad: Djursland rund	114
Mit dem Rad oder Auto: Mit der Margerite durch Jütland	116

Wichtige Informationen

Jütland von A bis Z	118
Geschichte auf einen Blick	122
Orts- und Sachregister	124

Achtung! Die Rechtschreibung dieses Buches orientiert sich an der dänischen Orthographie. Erst am Ende des Alphabetes folgen deshalb die Buchstaben Æ, Ø und Å bzw. Aa.

Karten und Pläne

Jütland, nördl. Teil: Klappe vorne; **Jütland, südl. Teil**: Klappe hinten; **Aalborg**: Umschlag Rückseite; **Skagen**: S. 49; **Ebeltoft**: S. 62; **Århus**: S. 79; **Ribe**: S. 104

Dreiviertel aller Dänemarkurlauber fahren nach Jütland. Sie suchen und finden weite Strände, interessante Städte und vielfältige Kultur.

Draußen tobt die Nordsee. Verzweifelt versuchen die Fischerboote den Weg in Richtung Heimathafen zu finden. Der Wind pfeift durch die Hausritzen. Am Wasser gehen ein paar Unentwegte spazieren. Auf einer Anhöhe steht ein Mann in seinem Atelier und hält die Szene fest.

Eine Szene aus den 1920ern. Der Mann heißt Jens Søndergaard. Sein einstiges Atelier in Ferring ist heute ein Museum. Wer es betritt, wird sofort von der ganz besonderen Nordsee-Stimmung erfaßt, die Søndergaard so einzigartig in seinen Werken dargestellt hat.

Und es ist auch für viele das Jütland, das sie sich erträumen. Die rauhe Nordsee, die kalte, gleichzeitig aber auch gesunde Luft. Der Sturm, die Fischerboote, die Möwen, der unendlich lange Strand.

Ungefähr 200 Kilometer weiter nördlich, in Skagen, haben sehr viel berühmtere Maler wie Peder Severin Krøyer und Michael Ancher ebenfalls das rauhe Leben der Fischer, ihren täglichen Kampf um den Fang, die Ausein-

Mangels Hafen werden die Schiffe in Nørre Vorupør an Land gezogen

andersetzung mit der Natur in eindrucksvollen Gemälden festgehalten. »Wird er es schaffen?« lautet der Titel eines bekannten Ancher-Gemäldes.

Berühmt sind sie aber durch ganz andere Bilder geworden. Frauen gehen, in wunderschöne Kleider gehüllt, am Abend am Strand spazieren. Frauen? Nein, es sind wirkliche Damen. Auf anderen Bildern sehen wir sie mit nicht weniger vornehmen Herren in einem prachtvollen Garten. Der Tisch ist üppig gedeckt. Die Stimmung ausgelassen.

Es ist wohl dieses Jütland, das die Mehrzahl der Jütland-Besucher erhofft. Strahlende Sonne, weite Strände, prall gefüllte Essenstische, ausruhen, entspannen – Ferien wie mitten im Schlaraffenland!

Doch wie immer bei Klischees, so decken auch diese nur einen Teil der Wirklichkeit ab. Denn Jütland ist mehr, ist vielschichtiger und ist bei jedem Besuch doch wieder ganz anders. Jütland, das ist die Nordsee mit ihren Umweltproblemen. Das ist die Universitätsstadt Århus in ihrer ungeheuren Lebendigkeit. Das ist die Aquavit-Stadt Aalborg mit der längsten Theke Dänemarks. Das ist das Seenland um Silkeborg. Das ist der deutsch-dänische Konflikt zwischen Kolding und Flensburg. Das sind die Problemkinder Landwirtschaft und Fischerei. Das sind weltbekannte Unternehmen wie Lego und B&O. Das sind Strände und Museen, Wälder und Wiesen, verschlafene Dörfer und lebendige Städte.

Ein Thy-Pilsener und ein Hot dog – was braucht man mehr?

Wasser, überall Wasser

Das Wasser prägt Dänemark. Meist ist es das Meer, in Jütland aber sind es nicht unwesentlich die Binnengewässer. Die Gudenå zum Beispiel, mit 158 Kilometern Dänemarks längster Fluß. Er entspringt östlich des 138 Meter hohen Tinnet Krat in Mitteljütland. An Tørring vorbei geht es hinauf in das Silkeborger Seenland. Ein Paradies für Kanuten. Dann weiter zum Tange Sø zwischen Ans und Bjerringbro. Hier hat man versucht, die Wasserkraft zu nutzen. Kein unumstrittenes Vorgehen, es mehren sich die Forderungen, den eigentlich künstlichen Tange Sø wieder verschwinden zu lassen. Bei Randers, Jütlands viertgrößter Stadt, mündet der Fluß in den Fjord.

Die Badehäuschen bei Løkken verlieren im Hochsommer leider an Idylle, wenn der Strand auch mit Autos befahren werden darf

Viele Jahre hat man befürchtet, die Gudenå könne endgültig umkippen, so verschmutzt war der Fluß. Dehalb stellte man dann bestimmte Abschnitte unter Naturschutz, wurden die Wassersportmöglichkeiten zum Teil erheblich eingeschränkt, der Fischbestand sorgfältig kontrolliert. Stellvertretend für viele andere Flüsse wurde der größte zum Symbol gegen die Verschmutzung und seine Rettung zur nationalen Aufgabe. Noch ist die Gudenå nicht über den Berg, doch ist sie auf dem Wege der Besserung.

Einen ganz anderen Charakter besitzt der Limfjord. Er trennt regelrecht Nordjütland vom Rest des Landes ab. An seinem Ufer hat man bedeutende historische Funde gemacht, so etwa die Wikingergräber von Lindholm Høje (nördlich von Aalborg) oder die Abfallreste von Ertebølle (westlich von Aars) aus der Zeit 5000–4000 v. Chr. Und natürlich erspart der Limfjord vielen kleinen Schiffen auch den gefährlichen Weg um Jütlands Nordspitze.

Eine ganz andere Bedeutung besitzt die Kongeå im Süden Jütlands. Südwestlich von Kolding entspringt sie, auf der Höhe von Fanø mündet sie in die Nordsee. Es ist der Fluß in der deutsch-dänischen Geschichte, der Grenzfluß, der Großmachtgelüste und Niedergang symbolisiert.

Von Deutschen und Dänen

Die Größe des dänischen Territoriums hat sich im Laufe der Jahrhunderte immer wieder stark verändert. Mal beherrschten die Dänen den Ostseeraum bis hinauf ins Baltikum, ließen an der Elbmündung Städte bauen oder kümmerten sich um ihre über-

Landwirtschaft ist einer der wichtigsten Erwerbszweige in Westjütland

seeischen Besitzungen. Mal mußten sie aber auch ganz kleinlaut Land abgeben oder durften froh sein, nicht vernichtend besiegt zu werden.

Der eigentliche Niedergang begann im 19. Jahrhundert. Im Kieler Frieden 1814 mußte Dänemark nach 427 Jahren Norwegen abtreten. Der dänische Staat schrumpfte. Mitte der 1840er flammte deshalb die Debatte wieder auf, ob man sich nicht die Herzogtümer Lauenburg, Schleswig und Holstein aneignen solle. Zu diesem Zeitpunkt reichte die eigentliche dänische Südgrenze an die Kongeå. In den Herzogtümern selbst war die Tendenz aber eher, sich aus dem Verbund mit Dänemark zu lösen. In die nun folgenden kriegerischen Auseinandersetzungen mischte sich auch Preußen ein. Die entscheidende Schlacht bei Idstedt 1850 gewannen die Dänen allerdings und verhinderten so ein Ausscheren der Herzogtümer.

In den 1860ern suchten die Dänen dann eine endgültige Lösung. Sie wollten sich mit Macht Schleswig einverleiben, Holstein und Lauenburg aber die Eigenständigkeit lassen. So kam es 1864 erneut zum Krieg, diesmal waren Preußen und Österreich die Gegner. In der entscheidenden Schlacht bei Dybbøl erlitten die Dänen eine verheerende Niederlage. Die Kongeå war nun endgültig die dänische Südgrenze, Dänemark erneut geschrumpft.

Erst die deutsche Niederlage im Ersten Weltkrieg bot eine Chance zur Grenzkorrektur. In einer Volksabstimmung 1920 wurde über den Grenzverlauf abgestimmt. In den Städten Tønder, Haderslev und Åbenrå stimmte zwar die Mehrheit für den Verbleib bei Deutschland, doch auf dem Lande plädierte man für die Hinwendung zu Dänemark. Dieses war die Mehrheit, so daß Nordschleswig zu Dänemark kam. In den beiden südlicheren Wahlkreisen hingegen stimmte die Mehrheit ebenso eindeutig für Deutschland.

Der Einmarsch deutscher Truppen 1940, die Besetzung des Landes hat dann erneut die deutsch-dänische Wunde aufgerissen. Die einstige Großmacht mußte sich überrennen lassen. Diese Schmach saß und sitzt tief, hat das Mißtrauen gegenüber den Deutschen erhärtet. Natürlich erwachte die Grenzdebatte nach der deutschen Niederlage wieder, doch schlauerweise ist es bei der Debatte geblieben. Die Bonn-Kopenhagener Erklärungen 1955 haben den Status quo sogar festgeschrieben, der Umgang mit der jeweiligen Minderheit gilt als vorbildlich.

Doch es ist auch die Angst, nicht mehr Herr im eigenen Land zu sein, die die Dänen in den Maastrichter EU-Verträgen durchsetzen ließ, daß in diesem Land Ausländer keine Immobilie erwerben können. Was in Schweden oder Spanien möglich ist, bleibt in Dänemark verwehrt. Die Furcht, daß sonst die jütische Westküste zu Hamburg gehören würde, sitzt tief. Wer über Strohmänner dieses Verbot zu umgehen versucht läuft Gefahr, sein Geld zu verlieren. Die Behörden sind da unerbittlich.

Doch es wäre falsch, nun eine jütische Deutschfeindlichkeit zu erwarten. Im Gegenteil. Man freut sich über die Gäste, will ihnen den Aufenthalt so angenehm wie möglich gestalten, die Kenntnisse der deutschen Sprache sind unglaublich gut.

Jüten und Kopenhagener

So wie die Autobahn zwischen Flensburg und Hamburg am Wochenende im Hochsommer verstopft ist, so melden auch die Fähren von Jütland nach Seeland zu dieser Zeit »Ausgebucht«. Die Dänen machen gerne Ferien im eigenen Land, viele Füner oder Seeländer haben ihr Ferienhaus in Jütland. Dennoch ist auch das Verhältnis zwischen der Hauptstadt und Jütland nicht ganz problemlos. Die Kopenhagener halten die Jüten für ein sturköpfiges und geistig nicht gerade auf der Höhe der Zeit befindliches Landvolk. Die Jüten amüsieren sich hingegen eher über die Kopenhagener, denn im Weltmaßstab sei die Stadt als Hauptstadt ja doch eher Provinz. Zudem völlig verarmt, da die guten Steuerzahler ihr Haus in Nordseeland hätten. Und letztlich doch eher ein Museum, hübsche Häuser ohne Leben. Das spiele sich doch eher in Jütland ab, in Århus oder Aalborg zum Beispiel, wirtschaftlich seien der Raum Kolding-Vejle oder Esbjerg ja auch weitaus erfolgreicher. Mit anderen Worten: Es will den Jüten nicht in den Kopf, daß das Zentrum des Landes nicht mehr, wie dereinst, Viborg oder Ribe heißt, sondern nun eine Stadt am Rande des Landes auf einer kleineren Insel ist.

Hatte Kopenhagen immer seine kulturellen Werte in den Vordergrund gestellt, so beschränkte sich Jütland auf seine Rolle als langer Sandstrand. Doch in den letzten Jahren hat man die Zeichen der Zeit erkannt. Der Besucher von heute will mehr als nur am Strand liegen, »Erlebnisurlaub« heißt das Schlagwort. So manche Attraktion ist in Jütland hinzugekommen, wichtiger aber noch ist, daß die schon existierenden besser »verkauft« werden. Denn kulturarm war das Land nie.

»Kunstreise durch Jütland« hat man einen Prospekt genannt, der aufzeigt, wie vielfältig die jütische Museumslandschaft doch ist. Man hat das Erbe der Wikinger entdeckt, entsprechende Museen ge- oder ausgebaut. Sogenannte »Aktive Museen« werden im großen Stil geplant, die den Besucher in frühere Zeiten entführen und in denen er selbst aktiv werden kann, zum Beispiel als Brotbäcker oder als Bogenschnitzer.

Und natürlich gibt es für sportlich aktive Menschen diverse Möglichkeiten. Das Radwegenetz ist hervorragend, die Surfmöglichkeiten sind ideal, Angler und Golfer werden sich wohl fühlen. Selbst die Skifahrer kommen nun. Alles in allem wird Jütland immer vielschichtiger.

Wo sind die Kultfiguren?

Auf Fünen kann man den Spuren des Märchendichters Hans Christian Andersen folgen, in Kopenhagen auch, dort haben aber auch andere unübersehbare Spuren hinterlassen, so etwa der bauwütige König Christian IV.

Jütland fehlen diese Figuren, zumindest kennt sie außerhalb der Landesgrenzen kaum einer. Gewiß, da gibt es die Skagenmaler, aber das waren ja fast nur Zugereiste. Namen wie die der Schriftsteller Johannes V. Jensen, Steen Steensen Blicher oder Jens Peter Jacobsen, Anfang des 20. Jahrhunderts auch in unseren Breiten viel gelesen, sagen heute außerhalb Skandinaviens kaum jemandem etwas. In Jütland aber werden sie verehrt.

Jensen (1873–1950) etwa erhielt 1944 den Literaturnobelpreis. Zu seinem Werk zählen brillante Schilderungen seiner Heimat Himmerland (die Region südlich von Aalborg). Beeindruckt von einem Besuch der USA und der dortigen industriellen Entwicklung wurde Jensen zu einem glühenden Verfechter der Technik und somit einer Welt, in der nur noch die Fakten zählen. In dieser Welt werden nur die besten überleben, Darwin läßt grüßen. Wer für ihn die besten waren, läßt der Titel seiner Essaysammlung »Den gotiske renaissance« (1901; Die gotische Renaissance) erahnen: die Goten, für Jensen gleichbedeutend mit Skandinaviern, Angelsachsen und Deutschen.

Der »Dichter der Heide« – Steen Steensen Blicher

In den Bänden mit Erzählungen wie »Himmerlandsvolk« und »Himmerlandsgeschichten« hingegen setzte er den Bewohnern seiner Heimat ein Denkmal. Eigenwillige, zuweilen dickköpfige oder skurrile Menschen werden hier eindrucksvoll geschildert.

Noch konsequenter als Jensen hat der Pfarrer Steen Steensen Blicher (1782–1848) die Jüten zum Mittelpunkt seines Werkes gemacht. Gedichte, Novellen, ja sogar eine Art Krimi hat die »Heidelerche«, wie er sich selbst nannte, verfaßt. In Jütland wird er weiterhin stark verehrt, anderswo ist er weitgehend vergessen.

Jens Peter Jacobsen (1847–1885) gilt als einer der wichtigsten dänischen Schriftsteller aus der zweiten Hälfte des 19. Jahrhunderts. Wie Jensen, so ist auch er von Darwin beeinflußt, seine ersten Novellen zeigen dies. Aufgrund einer Tbc-Erkrankung pendelte er ständig zwischen Dänemark und Italien. Zu seinen bemerkenswertesten Werken gehört, neben dem Roman »Frau Maria Grubbe«, auch der Roman »Niels Lyhne«. Niels hat im Krieg 1864 teilgenommen, ist verwundet worden und stirbt am Ende des Buches. Das Buch ist einerseits ein Dokument jener Zeit, in der das Selbstbewußtsein der einstigen Großmacht Dänemark auf dem Boden lag. Andererseits findet sich hier aber auch Jacobsens Hauptmotiv, der Kampf zwischen Träumerei und Wirklichkeit. Wer in der Wirklichkeit nicht bestehen kann oder von ihr zuviel erwartet, flieht in die Träume.

Vergessen sind diese Herren heutzutage außerhalb ihrer Heimat, wie schon erwähnt. Und so sind denn die Momente, in denen Jütland Weltgeschichte schrieb, auch selten mit bestimmten Personen verbunden. Ribe etwa ist zu Wikingerzeiten eines der großen Zentren Nordeuropas gewesen, neben zum Beispiel Haithabu (bei Schleswig) und Birka (bei Stockholm). Der Windkraftpark am Esbjerger Hafen war seinerzeit der erste seiner Art. Weltweit wohlgemerkt. Das Ebeltofter Rathaus reklamiert für sich den Anspruch, das kleinste der Welt zu sein, von dem alten Rathaus in Ribe weiß man immerhin mit Sicherheit, daß es das älteste in Nordeuropa ist.

Die Entwicklung des Aquavit hingegen ist wieder mit einer Person verbunden, es war Isidor Henius. Er war allerdings kein gebürtiger Jüte, sondern war aus Polen nach Aalborg gezogen. In dem westjütischen Dorf Tjæreborg begann der Pastor Eilif Kroager in den 1960ern mit Freizeitfahrten für seine Gemeinde. Diese wurden schnell ein solcher Erfolg, daß »Tjæreborg« zu einem der größten dänischen Reiseveranstalter wurde. Die Abflüge fanden in Billund statt, jenem Dorf, in dem die Familie Kirk Christensen die Legosteine entwickelte und zur Weltmarke machte.

Schatten über der Urlaubsidylle

Zumindest Zeitgeschichte schreibt Jütland aber auch ab und an, wenn ein Öltanker wieder einmal illegalerweise die Tanks in der Nordsee leert, ein Ölteppich die Küste bedroht, Flora und Fauna vernichtet werden. Wobei es weniger die spektakulären Fälle sind, die Sorgen machen, sondern die vielen kleinen. Mal hier wird etwas in die See gepumpt, mal da, kaum spürbar, in der Masse jedoch verheerend. Der Nordseeküstenurlauber wird spätestens dann daran erinnert, wenn er bei einer Wanderung am Wasser in eine unter dem Sand versteckte Öllache tritt und die nächsten Stunden damit verbringt, das klebrige Schwarz wieder vom Fuß zu bekommen. Dies sind die Schattenseiten eines

Jütland-Urlaubes, die auch dem flüchtigen Besucher nicht verborgen bleiben können. Ebenso wie die Zunahme von Einkaufszentren auf der grünen Wiese, die zu Lasten der Innenstädte gehen. Natürlich wehren sich diese, versuchen noch attraktiver zu werden. Und dennoch scheint der Kampf aussichtslos, die Preisbrecher auf den günstigen Grundstücken sind zu verlockend.

Andererseits müssen sich auch die Innenstädte den Vorwurf gefallen lassen, sich ganz den Kettenläden hinzugeben. Kein größerer Ort, in dem man nicht die Schuhketten »Skoringen« oder »Bianco« trifft, die Drogeriekette »Matas«, Modeläden wie »Vero Moda« oder »Mr.«, Spielzeugläden wie »Fætter BR«, Haushaltswarenketten wie »Inspiration« oder »Imerco«.

Blüten im Verborgenen

Das führt aber zu dem, was Jütland auch attraktiv macht, nämlich das Entdecken von Unbekanntem. Die vielen kleinen Kunsthandwerker zum Beispiel, Maler, Keramiker oder Bildhauer, die höchstens einmal in einem für Touristen gedachten Anzeigenblatt annoncieren. Vielleicht aber auch nur durch ein Schild am Straßenrand auf sich aufmerksam machen. Es lohnt sich, hier zu halten. Gewiß, so manch unsägliche Arbeit ist da auch zu sehen. Oft aber wird man überrascht sein von der Kreativität, auf die man da stößt. Ähnliches gilt sicherlich auch für so manches Museum, welches nicht zu den populären Attraktionen zählt. Aber vielleicht ist gerade eines dieser Museen von ganz besonderem Charme, weckt bei Ihnen ganz neue Interessen. Daß Sie überall freundlich empfangen werden, muß nicht noch besonders betont werden.

Aber vielleicht ist Ihnen auch ganz einfach nur nach Natur. Nach Wasser und Strand, nach Heide und Wald, nach Flüssen und Fjorden. Auch hier sind die spektakulären Ziele nicht immer das Maß aller Dinge. Es muß nicht immer Grenen mit dem Aufeinanderprallen von Nord- und Ostsee sein oder der Limfjord oder die Silkeborger Seenplatte. Es gibt so viele Möglichkeiten, Neues oder Verstecktes zu entdecken. Die Halbinsel Mors und die ihr nahe Insel Fur gehören dazu. Man muß sich nur darauf einlassen wollen.

Jütland ist voller Facetten, zu denen immer wieder neue kommen. Man kann hier ungeheuer viel tun, viel erleben. Aber auch einfach nur am Wasser sitzen. Entspannen. Staunen. Genießen. Reden. Nachdenken.

Vier riesige Herren sitzen am Nordrand von Esbjerg zusammen (s. S. 98/99). Sie starren auf die weite See. Vielleicht haben sie gerade geredet. Oder denken nur nach. Oder entspannen sich. Dieses monumentale Werk aus dem Jahre 1995 trägt einen Titel, der das Leben der Jüten ebenso trefflich charakterisiert wie das der Urlauber: »Der Mensch am Meer«.

Weit und breit keine Spur von Seefahrerromantik. Nach Jütland geht es ganz nüchtern über die Straße. Abgesehen von den Inseln.

Die A7 immer geradeaus, so könnte man dem Autofahrer den Weg Richtung Dänemark beschreiben. Aus dem Süden Deutschlands zieht sie sich geradewegs hinauf, an Hannover vorbei, bei Hamburg kreuzt sie die aus Westen kommende A1, der Nord-Ostsee-Kanal und Rendsburg werden passiert, bei Flensburg lesen Sie dann »Letzte Ausfahrt vor der Bundesgrenze«, und schon stehen Sie im Stau. Zumindest an den Sonnabenden der Hauptsaison, wenn in den Ferienhäusern Mieterwechsel ist.

Mancher meidet dann lieber den Übergang bei Ellund und hofft, beim nur wenige Kilometer östlich gelegenen Kupfermühle/Kruså oder am unweit westlich plazierten Übergang Harrislee/Padborg schneller über die Grenze zu kommen. Weit gefehlt. Andere fahren noch in Deutschland auf der Bundesstraße 199 Richtung Leck und passieren bei Süderlügum/Sæd, Aventoft/Møllehus oder Rosenkranz/Rudbøl die Grenze.

Doch auch auf dänischer Seite zeigt sich Jahr für Jahr das gleiche Bild. Die einen rasen nun die E45 hinauf Richtung Norden, weil sie mit dem Schiff weiter nach Norwegen, Schweden, vielleicht aber auch nur nach Nordjütland wollen. Die nächsten treibt es Richtung Fünen. Viele aber verlassen bei Åbenrå die Autobahn und halten sich auf der Straße 24 Richtung Ribe. Sie wollen an die Nordseeküste, zum Beispiel nach Blåvand oder Hvide Sande.

Mit dem Rad

Am einfachsten ist es natürlich, das Rad zu einem der größeren Bahnhöfe vorauszuschicken. Eine schwierigere Variante ist die direkte Mitnahme im Zug, da es nur sehr wenige entsprechende Verbindungen gibt. Eine andere wäre, bis Flensburg oder Niebüll mit dem Rad zu fahren und dann auf dem Rad selbst die Grenze zu passieren.

Mit der Bahn

Gute eineinhalb Stunden braucht der Zug von Flensburg nach Fredericia. Die Stadt ist der große Eisenbahnknotenpunkt, von hier geht es entweder weiter nach Fünen und Seeland oder eben nach Jütland hinauf. Von Fredericia bis Århus ist es dann circa eine Stunde, von Fredericia bis Aalborg circa zweieinhalb.

Für den Urlaub in Jütland eignet sich jedes Fortbewegungsmittel. Straßen und Radwege sind gut ausgebaut, das Nahverkehrsnetz ist dicht geknüpft.

Auto

Von Tønder im Süden nach Skagen im Norden sind es 377 Kilometer, von Ebeltoft im Osten nach Thisted im Westen 193 Kilometer, eine andere Ost-West-Distanz, die von Kolding nach Esbjerg, mißt gar nur 71 Kilometer. Jütland ist überschaubar, und folglich geht es auf den Straßen auch eher beschaulich zu.

Autobahnfetischisten werden sich in Jütland kaum wohl fühlen. Die Verlängerung der deutschen A 7 führt als E 45 über Kolding und Århus nach Aalborg, die Verlängerung hinauf bis Frederikshavn wird häppchenweise stattfinden. In Arbeit ist auch die Autobahn (**motorvej**), die, von Fünen kommend, sich über Kolding bis Esbjerg erstreckt. Sie ist wohl mehr als notwendig, denn der Schwerverkehr aus Richtung Kopenhagen und Odense nach Esbjerg, dem so wichtigen Hafen an der Westküste, führt regelmäßig zu Staus und gefährlichen Situationen auf der E 20. Auch die E 39 von Aalborg Richtung Hjørring wird nach und nach Autobahn werden.

Andere Ortschaften hätten auch gerne eine Autobahn, doch ist da der Umweltschutzgedanke wichtiger, Bundesstraßen (**landevej**) müssen reichen. Und das tun sie auch, voller wird es nur in den Sommermonaten. Die Straßen sind prinzipiell in einem hervorragenden Zustand. Rasen lohnt hier nicht, denn die geringen Distanzen lassen einen kaum wirklich Zeit gewinnen. Und die Strafen für Raser sind saftig.

In kleineren Ortschaften müssen Sie mit Hindernissen zur Tempodrosselung rechnen, sehr beliebt sind mittlerweile auch Kreisverkehre am Ortsaus- und -eingang.

Zug

Die Zugverbindungen sind an der Ostküste besser als an der Westküste. Quasi parallel zur E 45 verläuft auch die Bahnstrecke, Fredericia ist der große Bahnknoten, hier treffen sich die Züge aus allen Himmelsrichtungen. An der Ostküste kann der Reisende auch zwischen Zugformen wählen, vom **lyntog** (Schnellzug), der nur an den wichtigsten Stationen hält, bis zum **regionaltog** (Regionalzug), der deutlich mehr Stopps einlegt.

Anders an der Westküste, die teilweise noch von Privatbahnen bedient wird. Hier halten die

»Hjejlen« ist der älteste Raddampfer der Welt und legt in Silkeborg ab

Züge sprichwörtlich noch an jeder Milchkanne. Mager sind die Verbindungen im Binnenland.

Das Preissystem ist in Tarifzonen eingeteilt. Von Kolding nach Frederikshavn sind es zur Zeit 37 Zonen, woraus sich ein Fahrtpreis (Einfache Fahrt, 2. Klasse) von 195 DKK ergibt. Von Ribe nach Thisted sind es 29 Zonen, wofür 170 DKK zu zahlen sind.

Auf der Strecke Fredericia–Århus ist im Intercity eine Platzreservierung während bestimmter Kernzeiten Pflicht, freitags und sonntags auch auf den Strekken Århus–Aalborg, Fredericia–Herning und Fredericia–Esbjerg.

Rad

Jütland besitzt ein großartiges Netz an Radwegen, ein reiner Radurlaub durch Jütland ist problem- und eigentlich auch gefahrlos. Man hat sich wirklich bemüht, die Strecken durch Wälder und Wiesen fernab von großen Straßen zu führen. Vorbildlich sind auch die Radwege in den größeren Städten. Verwaltungstechnisch ist Dänemark in sogenannte »Ämter« eingeteilt, und es gibt kaum ein Amt, das nicht auch Radkarten publiziert. Sie bekommen diese in den Touristenbüros und im Buchhandel.

Es ist aber auch möglich, einen Abschnitt Ihrer Radtouren durch eine Bahnfahrt zu verkürzen. Auch hier gilt wieder das Zonensystem, maximal sind aber zur Zeit 33 DKK zu bezahlen. Sie können die Räder in Regionalzügen, Interregionalzügen und Internationalen Zügen mitnehmen, wobei eine Stellplatzreservierung für den Regionalzug nicht möglich, für den Internationalen Zug aber notwendig ist.

Mitgenommen werden nur Räder, Tandems nur, wenn der Schaffner eines Regionalzuges oder eines Interregionalzuges meint, es sei genug Platz vorhanden, Radanhänger müssen zusammengeklappt sein. In einem IC3-Zug (das ist der elegante weiße Zug mit den roten Türen) darf grundsätzlich kein Rad mitgeführt werden. Kurzum: Bevor Sie enttäuscht auf dem Bahnsteig stehen, sollten Sie sich über die Mitnahmebedingungen des von Ihnen auserwählten Zuges am Bahnhof kundig machen. An den meisten Bahnhöfen bekommen Sie auch einen **cykelkøreplan**, einen Zugfahrplan für Radler.

Bus

Wo der Zug nicht hinkommt, gibt es erfreulicherweise den Bus. Das jütische Busnetz ist großartig und weitverzweigt, man muß sich auch in aller Regel nicht unbedingt zu einer Busstation begeben, wer sich an einer Landstraße deutlich genug bemerkbar macht, wird auch mitgenommen.

Schiffe

Selbstverständlich fahren zu allen Inseln Schiffe, im Sommer öfter als im Winter. Auf der Silkeborger Seenplatte legen zudem Ausflugsboote an.

Jütland ist das Land der Sommerhäuser, teilweise auch der Campingplätze. Doch auch die »kroer« und Hotels sind längst nicht so teuer, wie mancher glaubt.

Wer an der Nordseeküste entlangfährt, wird glauben, Jütland bestehe nur aus Sommerhäusern. Orte wie Blokhus, Slettestrand oder Henne Strand ähneln einander frappierend: ein Kaufmann, ein Bäcker, ein paar Boutiquen und Unmengen an Ferienhäusern. Große, kleine, luxuriöse, einfache, flache, mehrstöckige, mit Meeresblick oder Aussicht landeinwärts – jeder Wunsch ist erfüllbar. Wenn man rechtzeitig bucht. Jütland besitzt ein großes Stammpublikum, das Jahr für Jahr wieder in »sein« Haus kommt.

Die Preise differieren natürlich im Jahresverlauf stark. Am teuersten ist es während der dänischen Schulferien, also von Mitte Juni bis Anfang August. Und noch einmal zum Jahreswechsel, wenn viele Norddeutsche für einen Kurzurlaub ins nördliche Nachbarland fahren. Vor- und Nachsaison sind, in Abstufungen und je nach Vermieter, billiger, richtig günstig wird es in Zeiten, in denen nur Unverzagte nach Jütland fahren, im Februar und März oder im November.

Die Preise liegen dann für ein durchschnittliches Haus bei 700 DM, für ein Luxushaus mit Pool, Sauna und diversen anderen Annehmlichkeiten bei 1100 DM pro Woche. Zum Vergleich: In der Hauptsaison müssen Sie für solche Ausstattungen 2000 bzw. 3200 DM entrichten!

Natürlich steigt mit Komfort und Lage auch der Preis. Den-

Ferienhäuser sind die populärste Unterkunftsart

noch bekommen Sie auch für wenig Geld keinesfalls nur eine abbruchreife Hütte. Der Standard der Häuser ist in aller Regel völlig ausreichend. Die meisten Hausbesitzer vermieten über die großen Ketten wie Sonne und Strand, DanSommer, DanCenter oder Novasol, einen regionalen Anbieter oder das örtliche Touristenbüro. Und sie alle achten darauf, daß der Gast nicht unzufrieden ist. Da auch alle diese Vermittler ein örtliches Büro besitzen, ist es für den Fall einer Beschwerde nie weit.

Wichtig ist allerdings, daß Sie sich die Katalogbeschreibung sehr genau durchlesen. Insbesondere die Angaben zu den Betten. Denn gerne wird auch die Wohnzimmercouch mitgezählt. Oder das eheliche Leben bekommt einen Knacks, weil es im ganzen Haus nur Etagenbetten gibt!

Einen Vorteil besitzen die Sommerhäuser allemal. Man kann an einem lauen Sommerabend noch schön auf der Terrasse sitzen, grillen, dem Meeresrauschen zuhören oder ein gutes Buch lesen.

Hotels und Pensionen

In Hotels und Pensionen hingegen ist man ins Zimmer verbannt. Dafür braucht man sich um nichts zu kümmern. Das Bett wird gemacht, das Essen auch. Und dennoch empfiehlt sich diese Übernachtungsform eigentlich nur für diejenigen, die eine Rundtour planen, unabhängig vom Standort sein wollen. Weil die Hoteliers wissen, daß das Sommerhaus ein so starker Konkurrent ist, warten sie gerade in den Sommermonaten mit günstigen Preisen auf.

Wobei das Vorurteil, dänische Hotels seien teuer, so auch nicht stimmt. Sie sind nicht billig, gewiß. Aber ein ordentliches Doppelzimmer ist durchaus für 600–800 DKK zu bekommen.

Kroer

Eine typisch dänische Einrichtung sind die **kroer**, Landgasthöfe, die dem Besucher Unterkunft und Verpflegung bieten. Auch wenn es diese Einrichtung schon seit Jahrhunderten gibt, so kann man nur wenige noch als wirklich historisch bewerten. In aller Regel kann nur noch der Schankraum auf eine längere Geschichte zurückblicken, der Unterkunftsteil ist meist recht neu und besitzt Motelcharakter. Wichtig sind diese Schankstuben allerdings für das lokale Leben, Versammlungen werden hier abgehalten, das Feierabendbier getrunken. Und so kann der Besucher sicher sein, hier wirklich in das typische dänische Alltagsleben einzutauchen. Landesweit haben sich über 80 dieser kroer zu »Dansk Kroferie« zusammengeschlossen, über 60 davon liegen in Jütland. Mit vorher gelösten »Kroschecks« erhält man in diesen kroer Rabatt. Informationen gibt es bei **Dansk Kroferie** (Vejlevej 16, 8700 Horsens, Tel. 75 64 87 00, Fax 75 64 87 20).

Bed & Breakfast

Verstärkt sieht man in den letzten Jahren auch Hinweise auf Bed & Breakfast-Unterkünfte. Ein Schild mit der Aufschrift »Værelse« zeigt an, daß ein Hauseigentümer eine solche Möglichkeit anbietet. In vielen örtlichen Touristenbüros liegt auch eine Broschüre mit dem Titel »Bed & Breakfast« aus, die alljährlich aktualisiert wird.

Campingplätze und Jugendherbergen

Campingplätze gibt es in Jütland mehr als genug. Kein Wunder aber, daß sie sich in den touristisch interessanten Regionen ballen. Abgesehen von der Silkeborger Seenplatte ist das Binnenland recht spärlich ausgestattet. An der Jammerbucht oder auf Fanø hingegen scheinen die Campingplätze nahezu ineinander überzugehen. Bewertet sind sie nach einem Fünf-Sterne-System. Die große Masse der jütischen Campingplätze darf sich mit drei Sternen schmücken, was schon sehr großzügige Einrichtungen bedeutet. Fünf Sterne dürfen sich nur die Plätze Klim Strands Camping und Hvidbjerg Strands Camping rühmen. Eine sehr gute Orientierungshilfe ist das alljährlich neu erscheinende Buch »Camping Danmark« für circa 90 DKK.

Aber auch die Jugendherbergen gelten als sehr gastfreundlich. Sehr gute Ausstattung, familienfreundliche Einrichtungen, ihnen ist jeder Muff fremd. Jütland besitzt knapp 60 Herbergen, wobei die Westküste etwas spärlicher bedacht ist.

Preisklassen
Die Preise beziehen sich auf ein Doppelzimmer für zwei Personen im Sommer inkl. Frühstück.
Luxusklasse ab 1300 DKK
Obere Preisklasse 1000–1300 DKK
Mittlere Preisklasse 600–1000 DKK
Untere Preisklasse bis 600 DKK

DER BESONDERE TIP

Låsby Kro So stellt man sich einen typischen Kro vor: klein, verspielt, gemütlich. Der Låsby Kro ist äußerst liebevoll mit historischen Gegenständen ausgestaltet und typisch dänisch. Die Küche ist gut, die Zimmer sind modern und funktional. Hier kann man sich wohl fühlen. Am Wochenende wird zum Tanz aufgespielt. Låsby Kro, Hovedgaden 49, Låsby, Tel. 86 95 17 66, Fax 86 95 10 92, 45 Zimmer, Mittlere Preisklasse (AE, DC, EC, Visa) ■ D 6

Das Hotel Royal in Århus beherbergt auch ein Casino

Carlsberg, Tuborg, Aquavit, eingelegten Hering und Rote Grütze kennt wohl jeder. Gaio und Ymer hingegen dürften noch zu entdecken sein.

Die Erkenntnis, alle Dänen äßen nur Fisch, dürfte ebenso richtig sein wie die Behauptung, alle Deutschen äßen nur Schweinsbraten. Der Fischkonsum ist sogar rückläufig, Schwein, Rind und vor allem Geflügel erfreuen sich stärkerer Beliebtheit.

Fisch hat Tradition

Zweifelsohne ist Fisch aber die Jahrhunderte hindurch in Jütland ein wichtiger Bestandteil der Mahlzeit gewesen, schlicht auch deshalb, weil er unbegrenzt und günstig zur Verfügung stand. Das galt insbesondere für die verarmte Westküste. »Eßt bitte mehr Fisch, wir müssen mit den Kartoffeln sparsam umgehen«, ist ein Satz, der in westjütischen Haushalten oft zu hören war. Hering, Dorsch und Makrele waren fester Bestandteil der Speisekarte, Lachs nicht minder. Als kräftiges Essen für die Seeleute gab es u. a. **gammeldags hvidkaal**, einen Eintopf aus Weißkohl, Schweine- oder Lammfleisch, Kartoffeln, Pfefferkörnern, Salz und Zucker. Traditionell war auch

Auf ein mittägliches Bier trifft man sich im»Blå Café« in Kolding

sakkuk, ein Mehlpudding, für den es sehr verschiedene Rezepte gibt, der aber im wesentlichen aus verschiedenen Mehlsorten, Milch, Eiern und Salz besteht. Er kam ursprünglich aus Schleswig.

Und auch viele andere Gerichte haben ihren Ursprung außerhalb, in Schleswig, in Holstein, aber auch in Holland und gar Frankreich. Denn als 1648 Fredericia gegründet wurde, kamen aus den letztgenannten Ländern viele Menschen hierhin, herrschte hier doch Religionsfreiheit. Dem französischen Einfluß ist es zu verdanken, daß Gemüsesuppen aller Art Einzug hielten. Die Fredericianer nannten deshalb das Franzosenviertel auch Petersilienviertel. Gemüse war eben doch eher ungewöhnlich.

Aus deutschen Landen kam auch das Rezept für das populäre Sauerkraut, ebenso dürften die in Christiansfeld so beliebten Honigkuchen ihr Vorbild im Nürnberger Lebkuchen haben. Hingegen ist das gerade in Westjütland beliebte **kartoffelgrød** (Kartoffelmus) mit Sirupsoße eine typisch jütische Kreation.

Jütische Spezialitäten

Die Kombination »süß-sauer« kennzeichnet die dänische Küche, insbesondere auf den Inseln. Auf Samsø etwa ist es ganz normal, zu Fisch Birnen oder Äpfel zu reichen. Früher schnitt man sie in Scheiben und briet sie mit dem Fisch mit, heute werden sie hingegen separat als kaltes Kompott gereicht.

Den **samsøost**, den Samsøkäse, stellt man schon lange nicht mehr auf der Insel her. Es war ursprünglich die Madebjerggaard Mejeri in Besser, die einen trokkenen und leicht süßlichen Käse kreierte und ihn wegen seiner Nähe zum Emmentaler »Dänischen Schweizerkäse« nannte. In den 50ern änderte man den Namen in samsøost.

Das bereits erwähnte Kartoffelmus servierte man gerne zu Aal. Den besten Aal gibt es wohl nach wie vor im Limfjord. U. a. kocht man den Aal mit Wasser, Essig, Lorbeerblatt, Salz und Pfefferkörnern und serviert ihn dann kühl, als Variante auch in Gelee. Ebenso beliebt war Aalbrot, man drückte einen Aal in Brotteig, pinselte ihn mit Milch ein und buk ihn. So typisch der Aal für den Limfjord ist, so typisch ist der **klipfisk**, der luftgetrocknete Fisch, für die Region um Skagen. Nahm man früher den Fisch, der gerade zur Verfügung stand, so beschränkt man sich heute auf die Flunder. Dazu gibt es Kompott, entweder aus Preisel- oder Stachelbeeren.

Beliebt ist in Skagen auch **ovnstegt helleflynder**. Man sticht Löcher in die Haut eines Heilbutts, steckt Speckwürfel hinein und schiebt den Fisch in den Ofen. Dort wird er ab und an mit Wasser oder Milch übergossen.

Im Binnenland besaß man natürlich weniger Fisch. Daher versuchte man dort, durch günstig zu erwerbende Füllungen Fisch oder Fleisch aufzuwerten, um so die Mäuler zu stopfen.

Mit Selbstversorgern auf Einkaufstour

Natürlich wird auch heute noch die regionale Küche vereinzelt gepflegt, doch längst hat das standardisierte Angebot der Warenhäuser dafür gesorgt, daß das Essen im ganzen Land gleich schmeckt. Die dänische Soße wird noch immer von dicken Ausführungen geprägt, egal ob braun oder weiß. Die Dänen sollen gesundheitsbewußter werden. Zum Teil sind sie das schon. Ökomilch etwa hat enorme Zuwachsraten verzeichnen können, allerdings erst, seitdem die großen Verbrauchermärkte die Preise erheblich gesenkt haben. In den Kühlregalen findet man Joghurt in allen erdenklichen Varianten. Neueste Errungenschaft ist **Gaio**, ein Joghurt aus kaukasischen Kulturen, angeblich extra gesund und niemals dickmachend. **Ymer** ist ein etwas säuerliches Mittelding zwischen Joghurt und Quark, mit Zucker sehr lecker und sättigend.

Im Kühlregal nebenan findet man u. a. **leverpostej**, die berühmte Leberpastete. Eingelegte Heringe, nur gewürzt oder in einer Marinade beispielsweise aus Curry oder Portwein, ebenfalls. Oder Makrelensalat, der halb aus Makrelenfleisch und halb aus Mayonnaise besteht.

Geht man weiter in die Getränkeabteilung, so blickt man dort, neben Cola, Limonade und Selter, überwiegend auf Bier aus dem Hause Carlsberg-Tuborg. Nur Faxe hält noch tapfer gegen den Brauereigiganten aus Kopenhagen. Regional gibt es auch noch einige Marken, so zum Beispiel in Südjütland das Fuglsang-Bier, in Randers wird das Thor-Bier hergestellt, in Thisted Thy-Bier, Ceres in Århus.

Nicht zu finden sind in der Getränkeabteilung Spirituosen. Aufgrund der exorbitanten Preise stehen sie meist hinter der Kasse oder an einem separaten Stand am Ausgang. Gleiches gilt für Tabakwaren, wobei Pfeifentabak in Dänemark günstig ist.

Kaufhauscafeteria und Gourmetrestaurant

Was man vom Essengehen nicht unbedingt sagen kann. Zwar gibt es selbst in jedem kleineren Ort eine Cafeteria, die Würstchen und Burger in jeder erdenklichen Art, mal auch fritierte Scholle mit Pommes serviert. Doch als vollwertige Mahlzeit kann dies kaum gelten.

Relativ günstig sind die Mahlzeiten in den großen Kaufhäusern der Städte beziehungsweise in den Einkaufszentren auf der grünen Wiese. Bilka, Føtex, SuperBrugsen, Kvickly oder Obs heißen sie, je nach Größe bieten sie vom Brötchen bis zum Mieder wirklich alles.

Wer besser essen möchte, muß sich auch in einem **kro**, einem typisch dänischen Landgasthof, auf circa 40 DM pro Hauptgericht einstellen, die Flasche Bier kostet bis zu 5 DM. Weil man weiß, daß viele Besucher aus Deutschland kommen, gibt es die Speisekarten meist

Eine typische Mittagsplatte mit u. a. Leberpastete und Fischfrikadellen

zweisprachig, teilweise sogar noch zuzüglich englischer Übersetzung.

Und auch richtige Feinschmecker kommen in Jütland auf ihre Kosten. Fünf der laut der dänischen Feinschmecker-Zeitschrift »Smag & Behag« elf besten dänischen Restaurants findet man in Jütland, nämlich den »Henne Kirkeby Kro« in Henne Strand, »Christie's« in Tønder, »Prins Ferdinand« in Århus, »Penny Lane« in Aalborg und »Fakkelgaarden« in Kollund. Doch auch anderswo läßt sich vom Feinsten speisen, verwiesen sei hier nur auf Adressen in Vejle, Skagen und Kolding.

Letztlich werden sich den Gourmeturlaub in Dänemark aber nur wenige leisten können oder wollen. Weshalb auch? Gibt es denn Schöneres, als direkt vom Kutter oder im Geschäft am Hafen frischen Fisch zu kaufen, um ihn im Ferienhaus zu braten oder zu kochen? Mit Gemüse zu servieren, das man gerade noch bei einem Bauern am Wegesrand erworben hat. Und dazu ein dänisches Bier und danach vielleicht noch einen Aquavit. Jütischer geht es wirklich nicht!

Restaurants sind bei den einzelnen Orten im Kapitel »Sehenswerte Orte und Ausflugsziele« beschrieben.

Preisklassen

Die Preise beziehen sich auf ein Hauptgericht ohne Getränke und Trinkgeld.

Luxusklasse ab 190 DKK
Obere Preisklasse 140–190 DKK
Mittlere Preisklasse 80–140 DKK
Untere Preisklasse bis 80 DKK

Der Besondere Tip

Aalessen im Hvalpsund Færgekro Der Hvalpsund Færgekro liegt etwas abseits der üblichen Wege an einem Fähranleger am Limfjord. Sie sollten sich unbedingt vorher erkundigen, ob es gerade frischen Aal gibt. Denn hier wird er besonders lecker zubereitet. Wer guten Hunger hat, kommt mit der Normalportion locker aus (7–9 Stücke), wer richtig reinhauen will, zahlt ein paar Kronen mehr und kann essen, bis er platzt. Und das mit Blick auf den Fjord und bedient von äußerst freundlichem Service. Reservieren! Sundvej 87, Hvalpsund, Tel. 98 63 86 00, Mittlere Preisklasse, AE, DC, EC, Visa ■ C4

Eßdolmetscher

A

aborre: Barsch
agurk: Gurke
and: Ente
appelsin: Apfelsine
aspargus: Spargel

B

banan: Banane
biksemad: Resteessen aus Fleisch und Kartoffeln
birkes: Mohnbrötchen
bitter: Magenbitter
blomkål: Blumenkohl
blomme: Pflaume
blåmuslinger: Miesmuscheln
brød: Brot

C/D

dagens ret: Tagesgericht
dansk vand: Mineralwasser
due: Taube

E/F

eddike: Essig
engelsk bøf: Rumpsteak
fedt: Schmalz
fersken: Pfirsich
fjærkræ: Geflügel
flynder: Flunder
flæskesteg: Schweinebraten
fløde: Sahne
forret: Vorspeise
franskbrød: Weißbrot
frikadeller: Frikadellen
frokost: Mittagessen
frugt: Obst
fuldkornbrød: Vollkornbrot

G

gedde: Hecht
grønsager: Gemüse
grøn peberfrugt: grüner Paprika
gulerod: Wurzel
gåsebryst: Gänsebrust

H

hakket kød: Hackfleisch
hamburgerryg: Kassler
hare: Hase
havørred: Meerforelle
hindbær: Himbeere
honning: Honig
hornfisk: Hornhecht
hovedret: Hauptgericht
hvidløg: Knoblauch
hvidkål: Weißkohl
hvid vin: Weißwein

Meistgebratener Fisch ist hier die Scholle

hvid øl: Malzbier
hønsebouillon: Hühnerbrühe

I/J

jordbær: Erdbeere
juice: Saft

K

kage: Kuchen
kalkun: Truthahn
kanel: Zimt
kanelstang: Zimtkuchen
karpe: Karpfen
karry: Curry
kirsebær: Kirsche
klipfisk: Stockfisch
krydderier: Kräuter
kylling: Hähnchen
kærnemælk: Buttermilch
kød: Fleisch

L

lammekød: Lammfleisch
letmælk: fettarme Milch
letøl: Leichtbier
lever: Leber
leverpostej: Leberpastete
løg: Zwiebel

M

makrel: Makrele
morgenmad: Frühstück
middag: Abendessen
musling: Muschel

O

oksekød: Rindfleisch
ost: Käse
othellobolle: Mohrenkopf

P/Q

peber: Pfeffer
peberrod: Meerrettich
pighvar: Steinbutt
piskefløde: Kaffeesahne
purløg: Schnittlauch
pålæg: Aufschnitt
pære: Birne
pølser: Würstchen

R

regnbueørred: Regenbogenforelle
rejer: Krabben
ristede: gebraten
rugbrød: Roggenbrot
rundstyk: Brötchen
rådyr: Reh
rødkål: Rotkohl
rødspætte: Scholle
rødvin: Rotwein
røget: geräuchert

S

sandart: Zander
sennep: Senf
sild: Hering
skalle: Rotauge
skinke: Schinken
skrubbe: Flunder
skummetmælk: entrahmte Milch
smørrebrød: belegtes Butterbrot
stegt: gebraten
sur: sauer
svampe: Pilze
sveske: Backpflaume
svinekød: Schweinefleisch
sødmælk: normale Milch
søtunge: Seezunge

T/U/V

torsk: Dorsch
tykmælk: Dickmilch
vand: Wasser
vin: Wein

Æ/Ø/Å

æble: Apfel
æg: Ei
ærter: Erbsen
øl: Bier

Jütland ist sicherlich nicht das superbillige Einkaufsparadies. Doch wer Geschmackvolles sucht, ist hier richtig. Das gilt auch für Freunde von Keramik.

Wenn alljährlich Untersuchungen darüber veröffentlicht werden, wieviel die Deutsche Mark im Ausland wert ist, dann sieht es für Dänemark immer recht düster aus, um circa 0,80 DM ist eine Mark dort wert. Doch wer die Augen offenhält und bewußt einkauft, kann seinen Urlaub vergleichsweise günstig gestalten.

Nahrungsmittel sind zum Beispiel bei Discountern wie Fakta, Netto und Aldi sehr billig. Leider ist das Warenangebot aber eingeschränkt. Wer ein größeres und besseres Angebot sucht, vielleicht auch noch etwas Kleidung oder ein Elektrogerät erwerben will, ist in einem Verbrauchermarkt wie Kvickly, Føtex oder Bilka richtig. Etwas eingeschränkter als dort ist das Angebot zwar bei SuperBrugsen, dafür sind diese Geschäfte meist auch in der Innenstadt, während man die anderen eher am Ortsrand oder auf der grünen Wiese trifft.

Sehr breit und ästhetisch absolute Spitzenklasse ist das Angebot an Stoffen, etwa für Gardinen oder Tischdecken. Man findet es, ebenso wie Haushalts-

Kettenläden dominieren Jütlands Fußgängerzonen

geräte, in Kettenläden wie Imerco oder Inspiration. Und es vergeht eigentlich kein Tag, an dem diese Läden nicht das ein oder andere Sonderangebot anpreisen. Skandinavische Modemarken haben sich in den letzten Jahren stark profilieren können, InWear, Buksenedkeren oder Red/Green gehören dazu und sind natürlich daheim sehr viel stärker vertreten als im Ausland. Einen hervorragenden Querschnitt finden Sie in den Modeabteilungen des Magasin du Nord in Århus, das in Aalborg ist noch einigermaßen akzeptabel.

Auf dem Lande hingegen stehen überall am Straßenrand kleine Tische mit Tüten voller Kartoffeln oder Wurzeln, Schalen mit Erdbeeren oder Blaubeeren. Daneben steht ein Topf, in den Sie einfach das Geld hineinschmeißen. Vertrauen gegen Vertrauen, hier kontrolliert niemand. Oft wird auch Honig aus heimischer Produktion angeboten.

Auffällig sind unterwegs auch die vielen Schilder, die Sie auf Kunsthandwerker aufmerksam machen sollen. Meist Keramiker, hier und da erwarten Sie auch Strickwaren, eher aber noch Malerei und Grafik.

Dänische Kunst hat zwar einen guten Ruf, Weltgeltung haben aber nur wenige, wie etwa die Skagenmaler Asger Jorn oder Richard Mortensen, erlangt. Entsprechend hoch werden sie gehandelt. In Galerien in den Städten oder Ateliers auf dem Lande ist aber so manche Entdeckung für das eigene Heim zu machen. Zu oftmals recht reellen Preisen.

Und für die Lieben daheim? Kerzen und Tee sind günstig, eingelegte Heringe im Glas etwas Leckeres, vakuumverpackter Fisch (einige Tage vorher bestellen!) ein Genuß, ein Becher aus Keramik etwas Besonderes. Aber ansonsten dürfte es in Dänemark nichts geben, was es nicht so oder ähnlich auch bei uns gibt.

DER BESONDERE TIP

Staarup Hovedgaard Schnäppchenjäger sind hier sicherlich falsch, Kenner und Genießer aber werden sich wohl fühlen. In einem alten Herrenhaus ist eine Antiquitäten-Verkaufsausstellung eingerichtet worden. Wunderschöne Stücke in herrlicher Umgebung, anschließend kann man sich noch im Kellergewölbe bei Kaffee und Kuchen stärken. Daß man hier weiß, was die Ausstellungsstücke wert sind, versteht sich von selbst. Staarup Hovedgaard, Staarupgårdsvej 10, Stårup, Di–So 11–17 Uhr, Eintritt 40 DKK ■ C 5

Nicht nur der langen Strände wegen gilt Jütland als Kinderparadies. Auch Vergnügungsmöglichkeiten an Regentagen gibt es reichlich.

Zu Recht gilt Dänemark als eines der kinderfreundlichsten Länder der Welt. Viele Museen haben spezielle Kinderecken eingerichtet, andere sind eigens für Kinder konzipiert. Die unendlich weiten Strände bieten alle Möglichkeiten zum unbegrenzten Burgenbau. Doch auch im Alltag beweist sich diese Kinderfreundlichkeit. Kinderstühle fehlen in den wenigsten Restaurants, auch in Banken sieht man häufig Spielecken.

Kein Kind wird es während eines Jütland-Urlaubes versäumen wollen, das **Legoland** zu besuchen. Und tatsächlich ist ein Besuch ein einmaliges Erlebnis, das auch Erwachsene schlicht staunen läßt. Doch es gibt auch genug andere Möglichkeiten. So zum Beispiel die sogenannten »Sommerländer«. Dieses sind Spielparks unterschiedlicher Dimension, die einerseits konventionelle Vergnügungen wie Karussells und Hüpfburgen bieten, zuweilen aber auch spektakulärere wie Go-Kart-Bahnen oder Badelandschaften mit rasanten Rutschen. Meist zahlt man nach dem Eintritt für die Vergnügungen nichts mehr.

Manch anderer Zeitvertreib bietet so nebenbei auch noch einen Lerneffekt, so etwa die **Aquarien** in Esbjerg, Hirtshals, Hanstholm und Grenå. Oder die **Freilichtmuseen** in Århus und Hjerl Hede. Oder die **Wikingermuseen** in Aalborg und Ribe.

Auch in Freizeitparks gibt es Bademöglichkeiten

Im Legoland sind auch die Piraten erfreulicherweise nur aus Plastikklötzen

Den Gamle By ■ E 6
Eine der populärsten Sehenswürdigkeiten Jütlands. Aus ganz Dänemark hat man hier Häuser aus verschiedenen Epochen zusammengetragen und zu einem eindrucksvollen Freilichtmuseum vereinigt. In den Häusern ist teilweise noch Betrieb. Für Kinder sicherlich ein interessanter wie abwechslungsreicher Besuch.
Viborgvej 2, Århus
Juni–Aug. 9–18, Mai, Sept. 9–17, April, Okt. Dez. 10–16, Jan.–März, Nov. 11–15 Uhr
Eintritt 50, Kinder 15 DKK

Fiskeri- og Søfartsmuseet ■ B 8
Einerseits ein Aquarium mit Fischen aus dänischen Gewässern. Andererseits aber auch eine Dokumentation des Fischerlebens mit Bildern, Gerätschaften und Booten. Wer am Meer Urlaub macht, sollte einmal hier gewesen sein. Absolutes Highlight ist natürlich das Seehundbecken, Fütterung ist um 11 und 14.30 Uhr.
Tarphagevej, Esbjerg
Mitte Mai–Juni, Sept. 10–18, Juli–Aug. 10–20, Okt.–Mitte Mai 10–16 Uhr
Eintritt 40, Kinder 20 DKK

Fårup Sommerland ■ D 2
Das Sommerland in Fårup an der nordwestjütischen Küste ist das größte seiner Art. Im Gegensatz zu den Tivolis in Aalborg oder Århus z. B. weniger traditionell orientiert. Statt dessen gibt es riesige Wasserrutschen, Hüpfburgen, Go-Karts, Speedboote u. ä.
Pirupvejen 147, Saltum
Mitte Juni–Juli 10–20, zweite Junihälfte, Aug. 10–19, Mitte Mai–Mitte Juni, zweite Augusthälfte 10–18 Uhr
Eintritt 85–95 DKK, ab 16 Uhr 50–60 DKK

Givskud Zoo ■ C 7
Einer der beliebtesten jütischen Zoos, man fährt überwiegend mit dem Wagen über das Gelände. Höhepunkt ist die Fahrt durch das Löwengelände. Dort sollten Sie das Fenster allerdings in jedem Fall geschlossen halten.
Løveparkvej 3, Givskud
Mitte Juni–Mitte Aug. 10–20, Mai–Mitte Juni, Mitte Aug.–Mitte Sept. 10–18, Mitte Sept.–Mitte Okt. 10–17 Uhr
Eintritt 70, Kinder 35 DKK

Hjerl Hede ■ B 5
Das Freilichtmuseum zeigt die Entwicklung dänischer Dörfer von den Anfängen bis ins 19. Jh. Das aber nicht auf trockenen Schautafeln, sondern lebendig. Es gibt eine alte Schule, eine Schmiede, eine Meierei, eine kleine Bahn fährt, Geschichte wird greifbar. Und in den Sommerferien wird die Steinzeit nachgelebt, werden mühsam Werkzeuge hergestellt. Ein Spaß, an dem sich Kinder beteiligen dürfen.
Hjerl Hedevej 14, Sevel
April–Okt. 9–17 Uhr
Eintritt 30, Kinder 15 DKK

Kattegatcenter ■ F 5
Für Kinder sicherlich eine der aufregendsten Sehenswürdigkeiten Jütlands. Denn Auge in Auge stehen sie hier den Haien gegenüber, nur Millimeter voneinander getrennt. Ein Gang führt mitten durch das Haifischbecken. Aber auch sonst weiß das Kattegatcenter zu gefallen, denn auf spielerische Weise erfährt man viel über das Leben im Meer, seine Faszination und seine Gefährdung (→ Abb. S. 76).
Færgevej 4, Grenå
Mitte Juni–Juli 9–19, Mai–Mitte Juni, Aug. 10–18, Sept.–April Mo–Fr 10–16, Sa, So 10–17 Uhr
Eintritt 50, Kinder 35 DKK

Legoland ■ C 8
Ein Spielzeug aus Billund hat die Welt erobert. Es war Gotfred Kirk Christiansen, der Mitte der 1950er mit der Produktion der Plastikklötze begann. Sein Vater hatte bereits in den 1930ern Holzspielzeug entwickelt. Und es wird wohl kaum ein Kind geben, das nicht irgendwann etwas aus Lego (aus »leg godt« – »spiel gut« abgeleitet) gebaut hat.

TopTen 1

Klar, daß das Legoland Kinder und Eltern anzieht. Und es ist wirklich faszinierend, was hier aus ca. 44 Mio. Legosteinen erschaffen wurde. Ganze Landschaften sind entstanden, norwegische wie englische, Amsterdam ist ebenso zu entdecken wie Kopenhagen, ein absolutes Schmuckstück ist der Münchener Flughafen. Doch man darf nicht nur staunen, sondern kann auch mit der Eisenbahn fahren, in Flugzeugen fliegen oder sich mit dem Boot Piraten nähern. Hier gibt es Beschäftigung für mindestens einen Tag. Wer zwischendurch dem Trubel entfliehen will, kann durch das Spielzeugmuseum spazieren, dessen Prunkstück die Puppenstube »Titania's Palace« ist.
Billund
April–Juni, Mitte Aug.–Sept. 10–20, Juli–Mitte Aug. 10–21 Uhr
Eintritt 110–100, Kinder 90–100 DKK

STENO – Danmarks Videnskabshistoriske Museum ■ E 6
Das Wissenschaftsmuseum am Unigelände führt in die Welt der Physik und Chemie, der Astronomie und der Medizin. Gezeigt werden historische Gerätschaften, Modelle und Interieurs. Doch ist die Schau keinesfalls nur wissenschaftlich und steif, sondern die Besucher können z. T. selbst aktiv werden. Die Wissenschaftsfilme im Planetarium sind äußerst beliebt. Ein Kräutergarten rundet das sehenswerte Museum ab.
Universitetsparken,
Bygning 100, C.F. Møllers Allé 2
Di–So Juli, Aug. 10–17, Sept.–Juni 10–16 Uhr,
Eintritt 30 DKK, Kinder gratis, Planetarium 30, Kinder 20 DKK

Der besondere Tip

Historische Züge Alte Eisenbahnen erfreuen sich in Jütland großer Beliebtheit. Gleich elfmal gibt es die Möglichkeit, nämlich mit der Limfjordsbahn in Aalborg, mit der Bahn von Mariager nach Handest, mit der im Hjerl Hede Freilichtmuseum, mit der Schmalspurbahn im Mosebrugsmuseum in Ørum (Djursland), mit der Djurslandbahn zwischen Randers und Allingåbro, mit der Bahn im Eisenbahnmuseum in Ryomgård (Djursland), mit der Bahn zwischen Bryrup und Vrads (Djursland), mit dem Schienenrad zwischen Herborg und Kongsholm (zwischen Ringkøbing und Herning), mit der Bahn zwischen Vejle und Jelling, der zwischen Haderslev und Vojens und der zwischen Lunderskov und Fredericia.

Wer an Dänemark denkt, träumt von Radtouren und weiten Stränden. Doch mittlerweile kommen auch die Skifahrer!

Zugegeben, die Sonne scheint in Dänemark nicht jeden Tag. Und somit braucht der Reisende Alternativen zum reinen Strandurlaub. Shopping oder Museen sind eventuelle Möglichkeiten. Einfach gammeln im Ferienhaus auch. Oder man wandert, reitet, golft, angelt oder radelt ein wenig. Man kann sich auch für ein paar Stunden ein Kanu mieten oder an der Küste oder im Wald in aller Gemütlichkeit wandern. Dies alles ist in Jütland problemlos möglich und auch viel billiger, als man gemeinhin denkt. Andererseits – natürlich scheint die Sonne oft genug, um Jütlands herrliche Strände zu besuchen. Weitläufig sind sie an der Westküste, wo sie allerdings leider auch zum Teil mit dem Wagen befahren werden dürfen. Doch auch die Strände an der Ostsee sind gut, meist aber nicht so breit. Dafür sind die Wellen etwas harmloser, der Wind ist meist nicht so kräftig. Was allerdings Segler und Surfer bedauern würden, sind sie doch auf den Wind angewiesen. Doch egal wie, Jütland ist für einen Aktivurlaub ideal.

Klitmøller ist das jütische Surfparadies schlechthin

Angeln

Das vielleicht idealste Gebiet ist die Seenregion um Silkeborg. Von hier bis Skanderborg erstreckt sich die Seenplatte, in der Sie Hecht und Seeforelle, Barsch und Zander am Haken haben können. Ebenso beliebt ist an der Westküste die Skjern Å, die in den Ringkøbing Fjord fließt. Äschen und Lachse warten auf den geduldigen Angler. Wer lieber am Meer auf sein Anglerglück warten möchte, dem sei Djursland empfohlen. Rund um Grenå sowie bei Mols sollten Sie hier u. a. Dorsch und Meerforelle an die Angel bekommen, gleiches gilt für den Kleinen Belt zwischen Kolding und Åbenrå.

An der Westküste ist das Gebiet zwischen Agger Tange und Hanstholm das reizvollste, Barsch, Dorsch und Köhler sind nur einige der hier zu fangenden Fische. Und auch um Hvide Sande weiter im Süden sollte Ihnen der Fang gelingen. Am einfachsten ist es, sich im örtlichen Touristenbüro nach idealen Angelplätzen oder Hochseeangelfahrten zu erkundigen. Dort bekommen Sie auch den unbedingt notwendigen Angelschein. Es gibt ihn für einen Tag, eine Woche oder ein Jahr, er kostet dann 25, 75 oder 100 DKK.

Golf

Kein Sport der Wohlhabenden, sondern ein Volkssport, das ist Golf in Dänemark. Die Zahl der Golfplätze in Jütland bewegt sich allmählich auf die 100 zu, sie sind recht gleichmäßig verteilt.

Ihr Handicap sollte bei mindestens 36 liegen, liegt es bei 54–37, so sollte Ihr Partner zumindest besser sein. Wie überall, so genießen natürlich am Wochenende die Clubspieler gewisse Vorrechte, so daß Sie sich vorsichtshalber anmelden sollten. Überall werden auch Trainerstunden angeboten. Das Greenfee liegt bei 30–60 DM pro Tag.

Der Rømødamm ist für Radler eine Herausforderung

Kanufahren

Silkeborg mit seinem Seensystem und der es durchlaufenden Gudenå, dem längsten dänischen Fluß, werden alljährlich von Kanubegeisterten in Beschlag genommen.

Radeln

Das Radlerparadies schlechthin! In kaum einem anderen Land wird auf Radler dermaßen viel Rücksicht genommen, gibt es eine solche Menge gutausgebauter Radwege. Fern von den großen Durchgangsstraßen. Und flach ist das Land auch noch. Aus Radlersicht vielleicht nicht immer, zumal wenn der Wind mal wieder kräftig von vorne bläst. Aber dennoch scheint Jütland mit seiner maximalen Höhe von 173 m für jeden Radler bezwingbar.

Einmal Skagen und zurück wäre eine reizvolle Tour, an der Ostseeküste hinauf, an der Nordseeküste zurück. Aber auch für kürzere Etappen existieren jede Menge Gestaltungsmöglichkeiten. Vor Ort erhalten Sie hervorragende Radkarten, die örtlichen Fremdenverkehrsbüros bieten Tourenvorschläge an.

Skifahren

Doch, doch, in Dänemark kommen auch die Alpinisten auf ihre Kosten. In einem Ferienzentrum bei Silkeborg ist eine Trockenskipiste eingerichtet worden. 117 m ist sie lang, 64 m breit und zu 100 % aus Kunststoff. Für die einen nur ein Gag, für die anderen vielleicht Anlaß, das Skilaufen zu erlernen.

Søhøjlandets Ferie- og Aktivitetscenter
Lille Amerika 10, Gjern
Tel. 86 87 51 00

Surfen

Anfänger wie Könner sind an der Ostsee richtig. Bis ungefähr auf Höhe von Århus werden die Profis vermutlich unterfordert sein, erst ab Grenå beginnen die wahren Herausforderungen.

Ganz anders die Bedingungen an der Westküste. Hier muß man schon etwas Können mitbringen, um nicht gleich desillusioniert zu werden. Rømø, Fanø, Hvide Sande, Klitmøller und Løkken heißen die besten Surfspots, insbesondere Klitmøller ist fest in Surferhand. Ausweichmöglichkeiten für gar zu stürmische Tage sind der Ringkøbing Fjord und der Limfjord.

Strände

Mit einigen Unterbrechungen finden Sie an der gesamten Ostküste Strand. Er ist meist eher schmal, windgeschützte Dünen finden Sie kaum. An der Westküste ist der Strand meist sehr viel breiter, die See aber auch rauher. Hier wie dort sollten Sie das Wasser aber keinesfalls unterschätzen, Unterströmungen machen das Baden mitunter gefährlich.

Ob das Wasser sauber genug ist, erkennen Sie an der blauen Umweltfahne, die hier stehen muß. An bewachten Stränden zeigen Flaggen in ampelähnlicher Wertung, ob Sie baden können: Rot bedeutet also, daß Sie nicht baden dürfen, gelb mahnt zur Vorsicht, grün ist unbedenklich.

Aufpassen müssen Sie auch an Stränden, die mit dem Auto befahren werden dürfen, so rund um Blokhus und auf Rømø.

Jedem Fischerdorf sein Hafenfest, jeder größeren Stadt ihre Musikfestspiele, das Motto der jütischen Festspielveranstalter klingt einfach.

Mittags geht es los. Vergnügen für die Kleinen, Schaukeln, Karussells, Hüpfburgen, Tombola, Torwandschießen. Am Nachmittag tritt dann die ein oder andere Volkstanzgruppe auf. Händler haben ihre Stände aufgebaut, bieten Trödel und Neuwertiges an. Eine Auktion beginnt. Kaffee und Kuchen sind für wenig Geld zu haben, das Bier fließt bereits in Strömen. Gegen Abend werden die Stände abgebaut, letzte Hand wird an das Festzelt gelegt, dann geht es los, eine Band spielt auf und singt die beliebtesten Melodien der letzten 30 Jahre, es wird getanzt, geschunkelt, getrunken. Irgendwann im Morgengrauen wanken die letzten nach Hause. So oder so ähnlich verläuft die Mehrzahl der dänischen Feste, egal ob sie nun Krämermarkt, Stadt- oder Hafenfest heißen. Friedlich und beschaulich geht es meist zu, familiär fast. Sicherlich gibt es hier und da noch Varianten, wird die »Miss Sild« (»Miss Hering«) gekürt oder der stärkste Mann des Festes gesucht.

Reizvoll sind sicherlich die Wikingermärkte, teilweise auch mit szenischen Aufführungen verbunden, die selbst dann Vergnügen bereiten, wenn man die Sprache nicht spricht. Traditionsreich sind auch die Ringreiterspiele, die ihren Ursprung in Südjütland haben, mittlerweile zwar auch andernorts kopiert werden, doch hier am eindrucksvollsten sind.

Kein Stadtfest ohne Spielmannszug

Mai

Wikingermarkt
Ein Wochenende lang geht es in Ribe zu wie damals unter Hägar dem Schrecklichen, Markt, Buden, Wettbewerbe.
Anfang Mai

Karneval in Aalborg
Mehrere Städte veranstalten zu Pfingsten Karneval, doch während der in Kopenhagen von Jahr zu Jahr weniger Begeisterung auslöst, lohnt sich der Aalborger allemal.
Pfingsten

Perlenfest
Die Halbinsel Mors feiert mit einem großen Volksfest.
Ende Mai

Vestjysk Visefestival
Volksmusik aus Skandinavien in Tarm, östlich des Ringkøbing Fjords.
Ende Mai

Juni

Grundlovsdag
Verfassungstag, ab Mittag sind die Läden zu, dann werden politische Reden geschwungen, oder es wird einfach nur gefeiert.
5. Juni

Country og Western Festival
Die Jünger Johnny Cashs geben sich ein Stelldichein in Fredericia.
Anfang Juni

Aalborg Jazz und Blues Festival
Jazz in allen Stilrichtungen.
Anfang Juni

Skanderborg Festival
Dänemarks ältestes Fest mit dänischen Künstlern.
Mitte Juni

Århus Open Air
Freiluftfestival mit Rockmusikern aus aller Welt.
Mitte Juni

Drachenfestival
Bombastisches Drachenfestival auf Fanø, für jeden Lenkdrachenbesitzer ein Muß.
Mitte Juni

Nord-Als Musikfestival
Musik quer durch alle populären Stile mit dänischer Prominenz und vereinzelt internationalen Größen.
Nordborg/Als
Mitte Juni

Riverboat Jazz Festival
Traditioneller Jazz in sehr entspannter Atmosphäre am Silkeborger Hafen.
Mitte Juni

Midsommer Rock
Dänische und internationale Popstars, eines der besseren Popfestivals Jütlands.
Ebeltoft
Mitte Juni

Skagen Festival
Das Festival für Volksmusik schlechthin, es wird von Jahr zu Jahr größer.
Ende Juni

Nibe Festival
Eine sehr eigene, reizvolle Mischung von internationalen Größen und unbekannten Lokalmatadoren aus den Bereichen Rock und Blues.
Juni/Juli

Juli

Ringreiterfest in Åbenrå
Sehr traditionsreiches und auch sehr großes Ringreiterfest, unbedingt erlebenswert.
Anfang Juli

Ringreiterfest in Sønderborg
Eine Woche nach dem Fest in Åbenrå, nicht ganz so groß, aber auch beeindruckend.
Mitte Juli

Wikingerspiele
Die Wikingerspiele in Jels gehören zu den interessantesten Festen Jütlands.
Erste Julihälfte

Århus International Jazz Festival
Eine Woche allerfeinster Jazz in der ganzen Stadt, nach dem größeren Fest in Kopenhagen sicherlich die bedeutendste Veranstaltung dieser Art in Dänemark.
Mitte Juli

Samsø Festival
Dänische Rockgrößen geben sich auf der Insel ein Stelldichein.
Zweite Julihälfte

Vildsund Hestemarked
Spielbuden, Musik, und nebenbei werden große und kleine Tiere verkauft.
Thisted
Ende Juli

Grøn Koncert
Gesponsert von der Tuborg Brauerei, touren bekannte dänische Rockmusiker durch das Land.
Zweite Julihälfte

Wikingertreff
Alles ist in Højbjerg/Århus so wie zu jener Zeit, als die Dänen noch Europa unsicher machten.
Ende Juli

August
Randers Drachenfestival
Sehr beeindruckendes Fest mit farbenprächtigen Drachen.
Anfang August

Silkeborg Feuerfestregatta
Eindrucksvoll, wenn die Ausflugsdampfer voll beleuchtet ihre Kreise über die Gudenå ziehen. Aber auch an Land jede Menge Remmidemmi.
Erste Augusthälfte

Danmarks smukkeste festival
Ob es tatsächlich eines der schönsten Festivals ist, bleibt Geschmackssache, Tatsache ist, daß es eines der beliebtesten und Skanderborg rettungslos überlaufen ist.
Erste Augusthälfte

Präriefest
Ausnahmsweise geht es einmal nicht um die Wikinger, sondern die Cowboys und -girls bestimmen das Straßenbild von Nørre Snede (ca. 20 km südlich von Silkeborg).
Mitte August

Tønder Festival
Ein riesiges Folkmusik-Fest, Tønder flippt aus.
Ende August

September
Rømø Drachenfestival
Wenn der rauhe Nordseewind sich in den unzähligen Drachen festbeißt, gilt es standhaft zu sein.
Anfang September

Mittelalterfest
Tapfere Ritter und anmutige Burgfräuleins ziehen durch die Straßen von Horsens.
Anfang September

In Südjütland haben Ringreiterspiele große Tradition

Nordjütland – das ist da, wo Kattegat und Skagerrak aufeinandertreffen, wo das Meer wild und die Strände unendlich weit sind.

Mehr als jeder andere Abschnitt Jütlands entspricht Nordjütland dem gängigen Bild. Weite Strände, verstecke Ferienhäuser, wunderschöne Städte wie Skagen und Sæby, mit Aalborg eine Großstadt, mit Frederikshavn eine umtriebige Hafenstadt, ein überschaubares kulturelles und museales Angebot, bizarre Naturschauspiele wie etwa die Wanderdüne Råbjerg Mile, im Süden schließlich der Limfjord.

Nicht mehr zum eigentlichen Norden wird das Waldgebiet südlich von Aalborg gezählt, Rold Skov und Rebild Bakker, beides hervorragende Ausflugsziele.

Nordjütland ist überschaubar, von Aalborg bis Skagen sind es nur gut 100 Kilometer. Natürlich dominiert die Aquavitstadt diese Region. Der Tourist wird das aber vielleicht nicht so merken. Sei es, weil er sich eh vorzugsweise am Nordseestrand bei Løkken oder Blokhus aufhält. Oder weil ihn andere Plätze stärker anziehen, das Museum der Skagenmaler vielleicht oder das Aquarium in Hirtshals oder Schloß Voergård nördlich von Aalborg.

Grenen: Von links kommt die Nordsee, von rechts die Ostsee

Bulbjerg ■ C3

47 m erhebt sich der Fels über dem Meer. Einer der schönsten Aussichtspunke an der Westküste. Bis 1978 stand übrigens noch ein 16 m hoher Fels draußen im Meer, dann hatte ihn das Wasser zermürbt, und er fiel in die See.

Fjerritslev ■ C3

Dem Ort billigt man beim Blick auf die Landkarte eine größere Bedeutung zu, als er sie tatsächlich besitzt. Fjerritslev ist ein eher uninteressanter Ort mit allerdings einem sehr originellen Museum.

Museum

Bryggeri- og Egnsmuseum
Zwischen 1897 und 1968 wurde hier Bier gebraut, heute befindet sich hier die, nach eigener Einschätzung, besterhaltene Landbrauerei Nordeuropas. Ein kleines, aber feines Museum.
Østergade 1
Mitte Juni–Mitte Aug. Mo–Fr 10–16.30 Uhr
Eintritt 10 DKK, Kinder gratis

Frederikshavn ■ E2

Von der Idylle, die in dem einstigen Fladstrand geherrscht haben muß, ist heute im modernen Frederikshavn nichts mehr zu spüren. Aus einem der bedeutendsten dänischen Fischerhäfen ist ein wichtiger Fährhafen geworden. Die Schiffe aus Norwegen und Schweden, aber auch von der kleinen Insel Læsø machen hier fest. Wer sich nicht gleich auf die Fahrt gen Süden begibt, schlendert erst durch die Stadt, kauft ein. Frederikshavn ist darauf eingestellt, die Gastronomie blüht, Schweden und Norweger fühlen sich hier erkennbar wohl.

Hotel

Stena Hotel
Sehr ordentliches, gerne von Transitreisenden genutztes Hotel zwischen Zentrum und Hafen.
Tordenskjoldsgade 14
Tel. 98 43 32 33, Fax 98 43 33 11
215 Zimmer
Mittlere Preisklasse (AE, DC, EC, Visa)

Museen

Bangsbo Museum
Das hiesige Heimatmuseum, allerdings überhaupt nicht verstaubt, sondern abwechslungsreich aufbereitet. Insbesondere die Themen Seefahrt und Besatzungszeit werden behandelt, Stolz der Sammlung ist das Ellingå-Schiff von 1163.
Dr. Margrethesvej 6
Mai–Okt. 10–17, Nov.–April Di–So 10–17 Uhr
Eintritt 25, Kinder 5 DKK

Bunkermuseet
Auch die Gegend um Frederikshavn, den wichtigen Militärhafen, wollten die deutschen Besatzer im Zweiten Weltkrieg mit Bunkern sichern. Hier können Sie sehen, wie was beschützt wurde.
Nordre Strandvej 19
Mitte Mai–Mitte Sept. 10–17 Uhr
Eintritt 15, Kinder 5 DKK

Kunstmuseum og Exlibrissamling
Die Gemäldesammlung ist zwar auch sehenswert, spektakulärer aber ist die Exlibrissamlung, die einzige ihrer Art in Nordeuropa. Nicht versäumen!
Paralellevej 14
Di–Fr 10–17, Sa, So 10–16 Uhr
Eintritt 10 DKK, Kinder gratis

Krudttårnsmuseet
Unübersehbar als Kuriosum am modernen Hafen gelegen ist der alte Pulverturm.
Havnepladsen 20
April–Okt. 10–17 Uhr
Eintritt 10, Kinder 2 DKK

Essen und Trinken

Baghus Cafeén
Ideal für eine Pause, denn der kleine Garten liegt unmittelbar an der Fußgängerzone. Dazu vielleicht ein Sandwich, das es hier groß und günstig gibt?
Danmarksgade 69e
Tel. 98 43 94 94
Tgl. 10–24 Uhr
Mittlere Preisklasse

Hyttefad I
Originelles, im Fischereihafen gelegenes Fischrestaurant, reservieren!
Trindelen 2
Tel. 98 42 52 22
Tgl. 11–14, Juli–15. Aug. 11–21 Uhr
Mittlere Preisklasse (DC, EC, Visa)

Fur

■ C4

Nur fünf Minuten benötigt die Fähre, um die 2223 ha große Insel zu erreichen. Ein beeindruckendes Fleckchen Erde, im Süden flach, im Norden aber erheben sich imposante Felsen. Molererde wechselt sich mit Ablagerungen aus der Eiszeit ab, Regenwasser hat Schneisen in die Moräne geschnitten. An der Nordküste läßt sich der Verlauf der Erdablagerungen verfolgen. Bemerkenswert ist das **Svenske Hul** (Schwedisches Loch). Es ist das Resultat von Grabungen, die schwedische Kriegsgefangene ausführen mußten, weil man glaubte, hier auf Kohlevorkommen gestoßen zu sein. Tatsächlich war es aber Vulkanasche, die sich mit der Molerede vermischt hatte.

Wer fernab der Zivilisation seine Ruhe haben will, der sollte sich auf Fur einmieten. Zwei Kaufläden, ansonsten passiert hier nicht viel. Wem das nicht reicht, der sollte sich aber einen Tagesausflug gönnen.

Der Pulverturm in Frederikshavn, früher Depot, heute Museum

Museum

Fur Museum
Neben einer lokalgeschichtlichen Sammlung geht es natürlich in erster Linie um die Geologie der Insel, u. a. werden zahlreiche Fossilien gezeigt.
Nederby 28
April–Okt. 10–16, in den Sommerferien 10–17 Uhr
Eintritt 20, Kinder 10 DKK

Hanstholm ■ B 3

Eine eigenartige Geschichte verbirgt sich hinter dem Ort. Bereits 1917 beschloß man, hier einen Hafen zu errichten. Während der deutschen Besatzung wurde das noch nicht vollendete Vorhaben unterbrochen. Statt dessen entstand der größte Bunkerkomplex Nordeuropas. Erst zum 50jährigen Baubeginn, 1967, konnte schließlich die Fertigstellung des Hafens gefeiert werden. Er ist sowohl als Fähr- wie als Fischerhafen wichtig. Das Dorf selbst hingegen besitzt keine außerordentliche Bedeutung.

Museum

Museumscenter Hanstholm
Ein etwas weitläufiger Museumskomplex, finden Sie hier doch die größten Bunkeranlagen aus dem Zweiten Weltkrieg. Es ist etwas Beinarbeit angesagt, unterwegs geben Schilder wertvolle Erklärungen. In einigen Gebäuden hat man auch kleine Ausstellungen über Hanstholm eingerichtet.
Tårnvej und Molevej
Juni–Sept. 10–18, Feb–Mai, Okt., Nov Mo–Fr 10–16, Sa, So 11–16 Uhr
Eintritt 35, Kinder 10 DKK

Hirtshals ■ D 1

Ebenso wie Hanstholm ist Hirtshals ein Reißbrett-Entwurf. Ende des 19. Jh. plante man einen Hafen hier an der Nordseeküste, doch erst 1919 begann der Bau. Die um ihn herum errichtete Ortschaft ist alles andere als attraktiv, die fehlende Historie ist überdeutlich. Nach Hirtshals fährt man, weil man entweder mit dem Schiff weiter nach Norwegen möchte oder weil man das Nordseemuseum besuchen will.

Museen

Hirtshals Museum
Ein in einem alten Fischerhaus eingerichtetes Heimatmuseum, das die Lebensbedingungen der Fischer in früheren Zeiten demonstriert. Lohnend ist ein Besuch im Juli, wenn hier auch noch gearbeitet wird.
Sophus Thomsensgade 6
Juni–Aug. 10–16, Sept.–Dez. Mo–Do 10–16, Fr 10–13 Uhr
Eintritt 10 DKK, Kinder gratis

Nordsømuseet
Nicht spektakulär, aber unbedingt sehenswert ist dieses Museum, das einerseits in die Fischwelt der Nordsee führt, andererseits aber auch vom harten Alltag der Fischer berichtet. Mittelpunkt ist auch hier natürlich das Seehundbecken, die Tiere werden um 11 und 15 gefüttert.
Willemoesvej
Juni–Aug. 9–18, Sept.–Mai Mo–Fr 9–16, Sa, So 10–17 Uhr
Eintritt 45, Kinder 25 DKK

Hjørring ■ E 2

Hjørring ist als Versorgungsstadt für die Umgebung wichtig, denn andere größere Städte fehlen. Für den Reisenden bietet Hjørring allerdings kaum etwas Sehenswertes.

Museen

Kunstmuseet
Das Museum konzentriert sich auf Malerei, die mit Nordjütland in Verbindung gebracht werden kann. Ein Besuch ist, wenn man gerade durch diese imponierende Landschaft gefahren ist und seine eigenen Bilder im Kopf hat, sicherlich eine gute Abrundung.
Brinck Seidelinsgade 10
Mitte Juni–Mitte Sept. 10–17, Mitte Sept.–Mitte Juni Di–So 11–16 Uhr
Eintritt 10 DKK, Kinder gratis

J. F. Willumsen Samlingen
Jens Ferdinand Willumsen (1863–1958) ist ein zunächst von den Skagenmalern beeinflußter Künstler gewesen, der sich später aber auch Inspirationen in Frankreich und Spanien holte. Er war zugleich Maler und Architekt, Fotograf und Keramiker. In diesem Museum konzentriert man sich stark auf seine Malerei und deren Entwürfe.
Herregården Odden
Oddenvej 31, Mygdal
Juni–Aug. 9–19, Sept.–Mai 10–18 Uhr
Eintritt 35, Kinder 10 DKK

Læsø ■ F 2

2500 Menschen leben auf dem 116 qkm großen Eiland, das wohl erst zur Wikingerzeit so richtig besiedelt wurde. Der Segen der Insel war zugleich ihr Fluch. Denn wirtschaftlich ernährte sich die Insel im Mittelalter durch die Salzgewinnung, indem das Meerwasser gekocht wurde. Dazu war allerdings Brennmaterial vonnöten, so daß die Wälder gerodet wurden. Dadurch konnte der Flugsand Platz gewinnen. Später war man natürlich in der

Salzsieden ist auf Læsø ein traditioneller Erwerb

Schiffahrt aktiv, lebte aber auch ganz gut aus den Funden von gestrandeten Schiffen.

Hauptort der Insel ist **Byrum** mit einer Kirche, deren älteste Teile aus der Mitte des 13. Jh. datieren. Der **Hjemstavnsgården**, ein 250 Jahre alter Hof, kann heute als Heimatmuseum besichtigt werden. Auffällig an ihm ist das Dach aus getrocknetem Tang, was man öfter auf der Insel sehen kann. Sehenswert sind die weiten Sand- und Dünenpartien.

Lønstrup/Løkken ■ D2

Lønstrup ist einer dieser typischen Badeorte, allerdings äußerst gepflegt, sogar ein bißchen mondän. Natürlich mit der bekannten Mischung aus Boutiquen, Kaufmanns- und Ferienhäusern. Gleiches gilt für Løkken, wobei es in diesem Ort sehr viel lebhafter zugeht, hier ist auch abends auf den Straßen noch ordentlich was los.

Sehenswertes

Fårup Sommerland
→ Mit Kindern unterwegs, S. 33

Maarup Kirke
Unweit von Lønstrup steht diese Kirche. Immer weiter frißt sich das Meer an sie heran. Längst schon dient sie den Bewohnern nicht mehr als Kirche, eigentlich wäre es nur noch eine Frage der Zeit, bis sie ins Meer stürzt. Allerdings hat man in den letzten Jahren die Bemühungen verstärkt, das Gelände so zu sichern, daß die leergeräumte Kirche erhalten werden kann.
Juni–Aug.

In ein paar Jahren wird der Sand den Leuchtturm begraben haben

Rubjerg Knude
Ein sensationelles Naturschauspiel. Denn hier zeigt sich die unwiderstehliche Macht von Wind und Wetter, die tagtäglich neuen Sand um den Leuchtturm aufhäufen und der dann von Zeit zu Zeit auf den Gebäudekomplex hinunterrollt. So werden in ein paar Jahren die ersten Gebäude völlig vom Sand begraben sein. Der Leuchtturm selbst ist schon lange nicht mehr von See aus erkennbar, zu hoch ist die Düne zur Meeresseite geworden. Einzigartig!

TOPTEN 6

Essen und Trinken

Frk. Jensens Strandcafé
Unmittelbar oberhalb des Wassers in Lønstrup gelegen. Hier kann man draußen auf einfachen Holzbänken sitzen und einen wirklich phantastischen, gutsättigenden Kuchen genießen. Nur im Hochsommer auf.

Nykøbing ■ B 4

Nykøbing gehört zu den jütischen Städten, die man gut und gerne besuchen kann, die einen aber sicherlich nicht zu einem baldigen weiteren Besuch zwingen. Nykøbing ist nett, nicht aber faszinierend. Einst ein recht wohlhabender Ort, ging es bergab, als im 17. Jh. der Fisch ausblieb und damit der wichtigste Erwerbszweig entfiel. Erst Mitte des 19. Jh. erholte sich das Städtchen wieder, als sich erste Industrie ansiedelte. Aufgrund des langen Stillstandes hat sich aber auch keine Bausubstanz gebildet, die von größerem Interesse wäre. Kaum ein Haus ist älter als 150 Jahre.

Hotel

Hotel Pakhuset
Es ist die Atmosphäre in den Zimmern, im Gesamthaus, die zu gefallen weiß. Denn eingerichtet ist das Hotel in einem alten Speicher, die Zimmer sind entsprechend mit Balken durchzogen. Und es sind nur wenige Meter bis ins Zentrum.
Havnen
Tel. 97 72 33 00, Fax 97 72 52 33
18 Zimmer
Mittlere Preisklasse (AE, DC, EC, Visa)

Sehenswertes

Jesperhus
Ein großer Naturpark mit unzähligen Blumen, Aquarium, Terrarium, Vögeln und auch einem Spielplatz für die Kleinen. In unmittelbarer Nähe ein Freizeitpark mit Campingplatz und Badeanstalt.
Juli 9–20, Mai–Mitte Juni, Sept. 10–17, zweite Junihälfte, Aug. 10–19 Uhr
Eintritt Ende Juni–Aug. 85, Kinder 70, sonst 70, Kinder 55 DK

Essen und Trinken

Sallingsund Færgekro
Einer der beliebtesten und besten **kroer** der Region, unmittelbar am Wasser gelegen. Gute dänisch-bürgerliche Küche. Oft auch Ziel von Reisegruppen.
Sallingsund 104
Tel. 97 72 00 88
Tgl. 11.30–21.30
Obere Preisklasse (AE, DC, EC, Visa)

Rebild Bakker/ Rold Skov ■ D 4

Südlich von Aalborg erstreckt sich mit dem Rold Skov Dänemarks größtes zusammenhängendes Waldgebiet, es umfaßt 85 qkm.

Rebild Bakker liegt zwischen Rold Skov und Aalborg. 1912 erwarben es dänisch-amerikanische Bürger und schenkten es dem dänischen Staat als Nationalpark. Wenn hier am 4. Juli die amerikanische Unabhängigkeit gefeiert wird, kommt politische Prominenz aus beiden Ländern. An den restlichen 364 Tages eines Jahres ist Rebild Bakker ein beliebtes Ausflugsziel. 1993 brannte das kleine Heimatmuseum **Lincoln Log Cabin** völlig nieder, wurde inzwischen aber wieder aufgebaut.

Essen und Trinken

Rold Stor Kro
Hochgelobte und mehrfach prämierte Küche, klar, daß in so einer Umgebung die Spezialität des Hauses Wild ist.
Vælderskoven 13, Skørping
Tel. 98 37 51 00
73 Zimmer
Obere Preisklasse (AE, DC, EC, Visa)

Skagen ■ E 1

Der Traum in Gelb. Wunderschöne Häuser, eine entspannte Stimmung, Trubel im Hafen, Skagen besitzt das gewisse Etwas. Manchen ist das in den Sommermonaten zuviel. Skagen besitzt fast schon Kult-Charakter, wer nicht in Skagen war, war nicht in Jütland. Folglich machen sich entsprechende Menschenmassen auf den Weg.

Im 15. Jh. war Skagen übrigens so groß wie Kopenhagen. Die Stadt lebte natürlich vom Fisch, aber nicht von ihm allein. Denn so manches Handelsschiff lief hier auf Grund und konnte geplündert werden. Trauriger Nebeneffekt: Natürlich ließ auch so mancher Fischer in den rauhen Fluten sein Leben.

Noch immer bestimmt der Fisch das Wohlergehen der 12 000 Skagener. Doch seit um die Jahrhundertwende die Maler den Ort berühmt und populär machten, ist der Tourismus zu einem wichtigen Wirtschaftsfaktor geworden. Und wer schon mal in Skagen ist, der fährt auch noch das letzte Stückchen weiter. Nach Grenen, jenen Zipfel, an dem Nord- und Ostsee zusammenfließen, wo man mit zwei Beinen in zwei Meeren steht.

Hotels und andere Unterkünfte

Brøndums Hotel
Einfaches, aber ordentliches Haus, geschichtsbeladen, denn hier trafen sich häufig die Skagenmaler. Die einzige Frau dieses Kreises, Anna Ancher, war eine geborene Brøndum, ihr Vater betrieb das Haus.
Anchersvej 3
Tel. 98 44 15 55, Fax 98 45 15 20
47 Zimmer
Mittlere Preisklasse

Strandhotellet
Im alten Ortsteil gelegenes, bewußt im Landhausstil gehaltenes Hotel, von den Zimmern im ersten Stock aus hat man z. T. einen wunderschönen Blick auf das Meer.
Jeckelsvej 2, Gl. Skagen
Tel. 98 44 34 99, Fax 98 44 59 19
9 Zimmer
Mittlere Preisklasse

Ålbæk Kro
Verkehrsgünstig an der Straße von Frederikshavn nach Skagen gelegen, schlichte Zimmer, aber eine bemerkenswerte Küche.
Skagensvej 42, Ålbæk
Tel. 98 48 90 22, Fax 98 48 83 65
50 Zimmer
Mittlere Preisklasse (AE, EC, DC, Visa)

Sehenswertes

Den Tilsandede Kirke
Die versandete Kirche ist nicht die ganz große Sensation, aber zumindest einen kurzen Stopp wert. Ab dem 18. Jh. ist sie kontinuierlich zugeweht worden, so daß sie ihre eigentliche Funktion verlor. 1903 wurde sie unter Denkmalschutz gestellt. Heute schaut nur noch der Turm aus dem Sand.
Juni–Aug. 11–17 Uhr
Eintritt 7, Kinder 3 DKK

Råbjerg Mile
Diese eindrucksvolle Wanderdüne bewegt sich alljährlich ca. 15 m ostwärts. Bei schönem Wetter herrscht hier ein ganz eigenes Licht, das die Weite der Düne noch größer erscheinen läßt. Man findet sie auf dem Weg von Frederikshavn nach Skagen (ausgeschildert).

Museen und Galerien

Galerie Skagen
Wenn Ihnen die Skagenmaler gefallen und Sie noch etwas Kleingeld in der Urlaubskasse haben, dann können Sie in dieser Galerie das ein oder andere Original erwerben. Und wenn es gerade an Geld mangelt, lohnt das Schauen trotzdem.
Trondsvej 16
Juni–Aug. Di–So 13–18 Uhr

Grenen Kunstmuseum
Das Museum versteht sich als gegenwartsorientiertes Pendant zum Skagen Kunstmuseum.
Fyrvej 40
Zweite Maihälfte, erste Septemberhälfte 10–16, Juni–Aug. 10–18 Uhr
Eintritt 20, Kinder 10 DKK

Michael og Anna Anchers Hus
Michael Ancher war zwar eigentlich Bornholmer, doch seine künstlerische Erfüllung erreichte er in Skagen als einer der bekanntesten Skagenmaler. Und er fand hier auch sein Eheglück in Anna Brøndum, der Tochter des Hotelbesitzers Degn Brøndum. Annas Malerei hat lange Jahre nicht die verdiente Beachtung gefunden, erst in den letzten Jahren hat man ihren wahren Wert erkannt. 1886 kaufte das Paar dieses Haus, das noch einen guten Eindruck vom Leben des Künstlerpaares zu vermitteln mag.
Markvej 2–4
April, Okt. 11–15, Mai–Mitte Juni,

Mitte Aug.–Sept. 10–17, Mitte Juni–Mitte Aug. 10–18 Uhr
Eintritt 25, Kinder 5 DKK

Skagens Museum
Gegen Ende des 19. Jh. entdeckten Maler wie Holger Drachmann, Peder Severin Krøyer, Michael Ancher oder Viggo Johannsen Skagen für sich. Um 1880 bildete sich eine Künstlerkolonie, die bald die landschaftliche Schönheit und Idylle, aber auch den rauhen Fischeralltag zum Thema hatte. Die so entstandenen Bilder gehören heute weltweit zum Standardrepertoire vieler Kalender- und Postkartenproduzenten, die Skagenmaler sind sicherlich Dänemarks bekannteste Malschule. In diesem Museum sind viele ihrer Arbeiten gesammelt, ein Schmuckstück, das entsprechend gut besucht wird.
Brøndumsvej 4
April, Okt. 11–16, Mai, Sept. 10–17, Juni–Aug. 10–18 Uhr
Eintritt 30 DKK, Kinder gratis

Essen und Trinken

Die Skagener Restaurants haben alle ein gutes Niveau, einsichtigerweise verstehen sie sich insbesondere auf Fisch.

Pakhuset
Gutes und gemütliches Restaurant, bemerkenswerte Vegetariergerichte.
Rødspættevej 6
Tel. 98 44 20 00
April–Aug. tgl. 18–23, Sept.–Dez., Feb.–März Fr, Sa 18–22 Uhr
Luxusklasse (DC, EC, Visa)

Restaurant PH
Im Keller befindet sich eine Bar, in der meist Live-Musik gespielt wird, im ersten Stock wird zu später Stunde die Disco für die reifere Generation geöffnet, und dazwischen befindet sich das Restaurant mit solider dänischer Küche.
Havnevej 16
Tel. 98 45 11 22
Tgl. 18–22 Uhr
Mittlere Preisklasse (DC, EC)

Die Skagenmaler sind die berühmteste dänische Malschule

Skagen Fiskerestaurant
Das in einem alten Lagerhaus eingerichtete Restaurant ist in der Saison immer proppevoll. Unten ist eine Bar eingerichtet, oben das Restaurant. Äußerst stimmungsvoll, doch ohne Reservierung kann man sich den Weg sparen.
Fiskehuskaj 13
Tel. 98 44 35 44
Ende Mai–Aug. tgl. 10–24 Uhr
Luxusklasse (EC, Visa)

Trekosten
Ausgezeichnete Fischküche und ein toller Blick über das Meer – was will man mehr? Im alten Teil Skagens gelegen.
Højensvej 4, Gl. Skagen
Tel. 98 44 21 60
Tgl. 12–16 Uhr, Mitte Mai–Aug. zusätzlich 18–23 Uhr
Obere Preisklasse (DC, EC, Visa)

Sæby ■ E2

Ein kleiner, verträumter Ort im Schatten von Aalborg und Frederikshavn. Die Bebauung ist schön erhalten und erinnert in manchen Straßenzügen an Skagen. Kein Wunder, daß die Künstler, die es nach Skagen zog, oft hierhinfuhren und Sæby so zu einem populären Badeort wurde. Sehenswert sind auch die kleine Kirche und die in der ganzen Stadt verteilten Skulpturen.

Sehenswertes

Sæbygaard Herregårdsmuseum
Diesen Hof finden Sie außerhalb des Ortes. Seine ältesten Teile entstammen dem 16. Jh. Besuchenswert ist er, weil noch recht viel Interieur erhalten ist, ein Schmuckstück ist sicherlich das Jagdzimmer.
Sæbygaardvej 49
Juni–Aug. tgl. 10–17 Uhr
Eintritt 20, Kinder 10 DKK

Im Sommer tobt der Bär am Hafen von Skagen

Thisted ■ B3

Thisted, die Hauptstadt der Region Thy, ist ein nettes kleines Einkaufsstädtchen. Der auch in Deutschland bekannte Schriftsteller Jens Peter Jacobsen (»Niels Lyhne«, »Frau Marie Grubbe«) wurde hier 1847 geboren. Zunächst dank der Nähe zum Kloster Børglum ein aufblühender Ort, verschlief Thisted die Jahrhunderte nach der Reformation. Mit dem Zugang zur Nordsee durch den Durchbruch bei Aggertange im 19. Jh. gewann der Hafen an Bedeutung. Dennoch ist Thisted auch heute noch kein bedeutender Ort, sondern gewinnt seinen Reiz durch die schöne Lage am Limfjord.

Understed ■ E2

Sehenswert in dem kleinen Dorf ist die **Understed Kirke**. Eine der mysteriösesten Kirchen überhaupt. Am Eingang zum Kirchenraum liegt ein Stein, mit dessen Hilfe sich das Wetter vorhersagen läßt. Wird er feucht, so regnet es tatsächlich innerhalb der nächsten zehn Stunden. Hinter der Kirche gibt es zudem eine heilige Quelle. Der Legende nach soll es in der Mauer südlich des Altares den Fußabdruck eines blinden Jungen geben, der einst in das Quellwasser fiel und sein Augenlicht zurückbekam.

Voergård Slot ■ E2

Wer träumt nicht von solchen Zufällen. Ein junger Däne zieht nach Frankreich, bekommt eine Anstellung bei einem vermögenden Mann, dieser stirbt, die trauernde Witwe verliebt sich in den Dänen, ehelicht ihn, stirbt, der Däne nimmt das Vermögen und zieht wieder in seine Heimat. So Anfang des 20. Jh. geschehen. Und die einst in Frankreich ausgestellten Schätze (Malereien, Möbel etc.) stehen heute in diesem Schloß. Wir sollten Graf Oberbech-Clausen dankbar sein.
April–Aug. Sa 14–17, So 10–17 Uhr
Eintritt 35, Kinder 10 DKK

Voergård Slot besitzt ein in Südfrankreich zusammengekauftes Inventar

Aalborg ■ D3

Es gehört nicht viel Phantasie dazu, um einzusehen, daß an diesem schmalen Übergang nach Nordjütland geradezu zwangsläufig eine Siedlung entstehen mußte, die mit der Zeit an Bedeutung gewann. Bereits im 14. Jh. gehörte Aalborg zu den wichtigsten jütischen Städten. Die Fischerei und der Handel mit Nordeuropa bestimmten das Leben. Natürlich blieb auch Aalborg nicht von den üblichen Schicksalen des Mittelalters wie Bränden und Kriegen verschont. Doch einen wirklichen Rückschlag erlebte die Stadt nie. Im Gegenteil, im 19. Jh. siedelte sich vermehrt Industrie an. Die Aquavitfabrik, Werften, die Aalborg Portland Zementfabrik, eine Tabakmanufaktur und viele andere prägten das wirtschaftliche Leben hier am Limfjord. Die Folgen hatte das Umland zu tragen, denn weit und breit konnte sich kein zweiter Ort auch nur annähernd entwickeln.

Heute ist Aalborg Jütlands zweit- und Dänemarks viertgrößte Stadt. Die Fußgängerzone ist recht weitläufig, das kulturelle Angebot ausgezeichnet, die Moderne hat historischen Bauten nicht völlig den Garaus machen können. Und schon legendär ist die Vielzahl an Kneipen.

Hotels

Helnan Phønix Hotel
Der Klassiker in der Innenstadt, historisch gehalten mit guten Zimmern.
Tel. 98 13 84 00, Fax 98 13 51 22
185 Zimmer
Mittlere Preisklasse (AE, DC, EC, Visa)

Hotel Scheelsminde
Eindrucksvolles Hotel auf einem alten Gut außerhalb des Zentrums, die Küche gehört zu den besten der Stadt.
Scheelsmindevej 35
Tel. 98 18 32 33, Fax 98 18 33 34
76 Zimmer
Mittlere Preisklasse (AE, EC, DC, Visa)

Slotshotellet
Einfaches wie ordentliches Hotel am Hafen, nur wenige Fußminuten vom Zentrum entfernt.
Rendsburggade 5
Tel. 98 10 14 00, Fax 98 11 65 70
144 Zimmer
Mittlere Preisklasse (AE, DC, EC, Visa)

Sehenswertes

Budolfi Kirke
Stolz thront der weiße Dom inmitten der Stadt. Die recht pompöse Ausstattung im Inneren imponiert.
Algade
Mai–Sept. Mo–Fr 9–16, Sa 9–14, Okt.–April Mo–Fr 9–15, Sa 9–12 Uhr

Helligåndsklostret
Das Kloster wurde im 15. und 16. Jh. erbaut und hat die Zeit weitgehend unbeschadet überstanden. Bemerkenswertester Abschnitt ist der Westflügel, noch heute Dänemarks größter mittelalterlicher Klosterraum. Wurde das Kloster lange Zeit als Krankenhaus genutzt, so dient es heute als Witwenstift.
C.W. Obels Plads
Ende Juni–Mitte Aug. Mo, Mi, Fr 14 Uhr Führungen in deutscher Sprache
Eintritt 25, Kinder 10 DKK

Aalborgs Kunstmuseum besticht schon durch seine Architektur

Jens Bangs Stenhus
Der Stolz der Stadt, denn dieses Haus ist das besterhaltene Beispiel für ein Bürgerhaus aus der Renaissance. Es wurde 1623–1624 errichtet, Bauherr war der Kaufmann Jens Bang, der auch gerne politische Macht ausgeübt hätte. Doch er stieß auf Opposition, weshalb er nun von der Fassade aus den Aalborgern die Zunge ausstreckt.
Østerågade 9

Lindholm Høje
Nördlich des Limfjords, in Nørresundby, liegt eines der bedeutendsten Grabfelder Nordeuropas. Die Funde, die man hier während der Ausgrabungen in den 1950ern machte, sind in dem benachbarten Museum ausgestellt. Dort hat man auch versucht, das Aussehen der damaligen Siedlung nachzuzeichnen.
Juni–Aug. tgl. 10–19, Mitte April–Mai, Sept.–Mitte Okt. tgl. 10–17, Mitte Okt.–Mitte April Di–So 10–16 Uhr
Eintritt 20, Kinder 10 DKK

Tivoliland
1946 errichteter Vergnügungspark in einer Mischung aus traditionellen Fahrgeschäften und modernen Einrichtungen wie der Achterbahn oder dem Fliegenden Teppich.
Karolinelundsvej
Mai–Aug. tgl. 10–22, Sa, So 10–23 Uhr, sonst ab 12 bzw. 13 Uhr
Eintritt 40, Kinder 20 DKK

Aalborgtårnet
Südlich des Stadtkernes 1933 errichteter Turm mit toller Aussicht auf Stadt und Limfjord.
Sdr. Skovvej
April–Mitte Juni, Mitte Aug.–Sept. tgl. 10–17, Mitte Juni–Mitte Aug. tgl. 10–19 Uhr
Eintritt 15, Kinder 10 DKK

Museen

Nordjyllands Kunstmuseum
Schon das Gebäude selbst ist sehenswert, es wurde 1968–1972 von den Stararchitekten Elissa und Alvar Aalto sowie Jean-Jacques Baruël errichtet. Im Inneren eine vorzügliche Sammlung dänischer und internationaler Kunst des 20. Jh. und eigentlich immer lohnende Sonderausstellungen.
Kong Christians Allé 50
Di–So 10–17 Uhr, Juli, Aug. auch Mo
Eintritt 20 DKK, Kinder gratis

Aalborg Historiske Museum
Wer sich für dänische Geschichte interessiert, wird an diesem Museum Gefallen finden, denn es zeigt die einzelnen Epochen in sehr klarer Weise, die einen nicht mit endlosen Texten langweilt. Statt dessen demonstrieren Gegenstände und Wohnungen früherer Zeiten die Zustände. Unbedingt sehenswert ist auch die Glassammlung.
Algade 48
Di–So 10–17 Uhr
Eintritt 10, Kinder 5 DKK

Essen und Trinken

Dufy
Eines der beliebtes Restaurants in der Aalborger Kneipenstraße, solide bürgerliche Küche zu vernünftigen Preisen.
Jomfru Ane Gade 8
Tel. 98 16 34 44
Mo–Do 11.30–23, Fr, Sa 11.30–23.30, So 17–22.30 Uhr
Mittlere Preisklasse (AE, DC, EC)

Faklen
Vielleicht das originellste Restaurant der Stadt, denn hier servieren die Kellner im Kilt. Geboten wird rustikale Küche in ebensolcher Umgebung.
Jomfru Ane Gade 21

Tel. 98 13 70 30
Mo–Sa 17.30–23 Uhr
Obere Preisklasse (AE, DC, EC, Visa)

Kunst & Spaghetti
Die preisliche Alternative in Aalborg ist dieser günstige Italiener. Spaghetti und Pizza wie daheim, freundlicher Service.
Vesterbro 65
Tel. 98 12 63 13
Tgl. 11.30–14.30, 17–22 Uhr, Fr, Sa 16–23 Uhr
Untere Preisklasse

Papagøjehaven
Vorzügliches Frokostrestaurant in der Aalborger Kongreßhalle, gerne von Geschäftsleuten genutzt.
Aalborghallen, Europaplads 2
Tel. 98 12 54 99
Mo–Sa 10–16 Uhr
Mittlere Preisklasse (DC, EC, Visa)

Penny Lane
Vermutlich wird Fisch von niemandem in Jütland geschmackvoller zubereitet als von Henrik Rosdahl. Hier wird Essen nicht einfach serviert, sondern von einem gutaufgelegten Service mit Spaß empfohlen, gebracht und kommentiert. Es gibt nur ein Menü, aus dem man sich aber Bausteine heraussuchen kann. Und das in einer gediegenen, nie aber steifen Atmosphäre. Vorzügliche Weinkarte mit überwiegend französischen Gewächsen. Angeschlossen ist ein eigener Weinimport.
Sankelmarksgade 9–11
Tel. 98 12 05 80
Mo–Sa 17–24 Uhr
Luxusklasse (AE, DC, EC, Visa)

TOPTEN 4

Provence
Solide dänisch-französische Küche, Spezialität des Hauses sind die Schaltiere.
Ved Stranden 11
Tel. 98 13 51 33
Mo–Sa 12–22.30, So 17.30–22.30 Uhr
Mittlere Preisklasse (DC, EC, Visa)

Jomfru Ane Gade, Dänemarks längste Theke

Ostjütland ist das Jütland der Städte und Fjorde, der Sehenswürdigkeiten und Unternehmungen. Wer viel sehen will, ist hier richtig.

Von Kolding im Süden bis an den Limfjord zieht sich Jütlands Ostküste. Geprägt wird sie in erster Linie von den Fjorden und den Städten, die an ihrem Ende begründet wurden. Kolding ist hierfür ein Beispiel, Horsens und Vejle sind weitere. Diese Ecke gilt auch als wirtschaftliche Wachstumsregion, liegt sie doch verkehrstechnisch absolut günstig. Westlich geht es nach Esbjerg und weiter nach England, nördlich in die jütischen Großstädte Århus und Aalborg und weiter nach Schweden und Norwegen, östlich nach Fünen, Kopenhagen und in den gesamten Ostseeraum, südlich nach Deutschland, Mittel- und Südeuropa. Klar, daß ein solcher Schnittpunkt sich auch nicht von einer Stadt wie Århus dominieren läßt, auch wenn niemand bestreiten wird, daß diese der Magnet der Ostküste ist.

Von Touristen unterschätzter hingegen ist Randers, unberechtigterweise. Das gesamte Gebiet zwischen Randers und Aalborg, in seinem nördlichen Ausläufer Himmerland genannt, ist wohl noch zu entdecken. Der kleine Ort Mariager entspricht in einigen Straßenzügen dem Klischee der dänischen Dorfidylle, ohne daß er bereits entsprechend populär ist.

Jütlands Nase, Djursland, nimmt eine Sonderrolle ein. Wirtschaftlich sonst eher unbedeutend, profitiert sie ganz erheblich vom Tourismus, denn von Grenå aus fahren die Fähren nach Schweden und zur kleinen Insel Anholt, und Ebeltoft ist eine der meistbesuchten Städte überhaupt. Weite Ferienhausareale prägen die »Nase«.

Eine Besonderheit stellt aber auch das Binnenland dar, das eigentlich auch nicht zur klassischen Ostküste gezählt wird. Silkeborg mit seinen für jütische Verhältnisse wirklichen Erhebungen und mit seiner traumhaften Seenplatte muß zuerst genannt werden. Die Gudenå, Dänemarks längster Fluß, prägt die Landschaft nicht unwesentlich, hier befindet sich auch das Eldorado der Kanuten. Und Dänemark erreicht seinen höchsten Punkt. Viborg ist ein weiteres und zudem geschichtsträchtiges Zentrum.

Orte wie Jelling, Billund oder Hobro verdanken ihre Anziehungskraft eher Zufällen. Jelling den Runensteinen, Billund den Legosteinen und Hobro der Wikingersiedlung. Fest steht, daß die Ostküste ideal für denjenigen ist, der gerne bummelt oder an Museen interessiert ist.

Ostjütland ist auch das Land der Silkeborger Seenplatte

Allingåbro ■ E5

Ein jütisches Dorf, nicht mehr und nicht weniger, aber mit einem hübschen Eisenbahnmuseum. Das **Jernbanemuseum** zeigt viele historische Gegenstände und Bilder. Absoluter Höhepunkt ist aber eine Fahrt mit der Draisine.
Hovedgaden 2
Mai–Sept. Mo–Fr 10–16,
Sa 10–14 Uhr
Eintritt 10, Kinder 5 DKK

Anholt

Zwischen Dänemark und Schweden liegt die nur 22 qkm große Insel. Im Osten wird sie von **Ørkenen** geprägt, einer gewaltigen Dünenlandschaft. In **Anholt by** und am Hafen ist die Insel besiedelt, bis auf Anholt by steht die gesamte Insel auch unter Naturschutz. Die Kirche ist von 1819, der Leuchtturm wurde letztmals 1881 umgebaut. Anholt besitzt hervorragende Sandstrände und ist auch unter Seglern äußerst beliebt.

Auning ■ E5

Auning selbst ist nur eine bedeutungslose Gemeinde. Mit allerdings lohnenden Museen.

Museen

Dansk Landbrugsmuseum
Sehr lebendig gestaltetes Landwirtschaftsmuseum, unbedingt auch für Kinder empfehlenswert. Im Sommer wird das Leben der Bauern und Handwerker nachgestellt (nachmittags, montags nicht), werden die Besucher miteinbezogen. Und anschließend kann man sich in dem im Pferdestall eingerichteten Restaurant wieder stärken.
Randersvej 4
Tgl. 10–17 Uhr
Eintritt 30 DKK, Kinder gratis

Gammel Estrup, Jyllands Herregårdsmuseum
Gammels Estrup wird erstmals im 14. Jh. als Essensdrup erwähnt. Es ist eigentlich sehr gut erhalten,

Schloß Gammel Estrup dient heute als Herrenhofmuseum

da es im Laufe der Jahrhunderte nicht ständig den Besitzer wechselte, sondern nur zwei verschiedenen Familien jeweils ca. 300 Jahre gehörte. Das exzellent inszenierte Museum ermöglicht heute einen Einblick in die Wohn- und Lebenskultur des Adels.
Randersvej 2
April–Sept. tgl. 10–17, Okt.–März Di–So 11–15 DKK
Eintritt 20, Kinder 5 DKK

Billund ■ C 8

Kein Mensch wüßte heute von der Existenz dieses Ortes, wenn Billund nicht die Heimat der Legosteine wäre. Im Schatten der Fabrik und des Vergnügungsparkes hat sich auch der Flughafen entwickeln können, er ist heute, neben dem Kopenhagener Airport, der wichtigste Charterflughafen des Landes.

Sehenswertes

Center Mobilium
Gleich drei Museen sind in diesem Museumscenter eingerichtet. **Danmarks Bilmuseum** zeigt Autos von 1886 bis heute, in **Danmarks Flyvemuseum** sind Flugzeuge aus allen Epochen zu bestaunen. Und im **Falck-Museum** geht es um die Geschichte des gleichnamigen Rettungsdienstes.
Ellehammers Allé
Ende Okt.–Anfang April Sa, So 10–16, Anfang April–Ende Okt. 10–19 Uhr
Eintritt 50, Kinder 25 DKK

Legoland
→ Mit Kindern unterwegs, S. 34

Bjerringbro ■ D 5

Ein ganz normaler kleiner dänischer Ort, allerdings fand man 1868 südlich der Stadt wertvolle Reste eines Wikingergrabes.

Museum

EL-Museet
Ein für groß und klein gleichermaßen aufregendes Museum neben einem Wasserkraftwerk, das sich um die Elektrizität dreht. Wie wird Energie erzeugt, wo findet sie Anwendung, welche modernen Formen der Energiegewinnung gibt es? Fragen, die dieses Museum beantwortet. U.a. dadurch, daß die Besucher selbst experimentieren können. Der sich vor dem Wasserkraftwerk erstreckende See, der Tange Sø, ist übrigens künstlich aufgestaut. In der Bevölkerung gibt es heftige Meinungsverschiedenheiten, ob man dieses rückgängig machen soll oder nicht. Plädieren die einen dafür, sich den Gegebenheiten der Natur anzupassen, verweisen die anderen auf die wichtige Funktion zur Energieversorgung.
Bjerringbrovej 44
April–Okt. 10–17 Uhr
Eintritt 35, Kinder 10 DKK

Clausholm Slot ■ E 5

Eines der schönsten jütischen Schlösser. Es war der Großkanzler Conrad Reventlow, der aus einer einstigen Burg Ende des 17. Jh. ein prächtiges Schloß machen ließ. Seine Tochter, die damals 19jährige Anna Sophie, wurde 1712 von König Frederik IV. entführt und geehelicht. Sechs Jahre später kaufte er Clausholm. Nach seinem Tod wurde Anna Sophie nach Clausholm verbannt. Ebenfalls Ende des 17. Jh. wurde der beeindruckende Park angelegt.

Die ganze Pracht des Hauses wird von außen vielleicht nicht gleich erkennbar, das Innere jedoch weiß den Besucher sofort zu begeistern.
Clausholmsvej 308, Hadsten
Mitte Juni–Aug. 11–17 Uhr
Eintritt 45, Kinder 15 DKK Schloß und Park, nur Park Erw. 25, Kinder 15 DKK

Ebeltoft ■ F 6

Adelgade, Overgade und Nedergade heißen die Straßen, in denen wunderschöne alte Häuschen stehen, die die Besucher der Stadt in Verzückung geraten lassen. An Ebeltoft scheinen die letzten Jahrhunderte spurlos vorbeigegangen zu sein.

Und tatsächlich hat Ebeltoft nie eine wirklich große Bedeutung besessen. Deutsche und Schweden fielen ein; sobald Ebeltoft wieder eine ansehnliche Flotte besaß, folgte irgendein Krieg, und Ebeltoft war wieder am Boden. Erst im 20. Jh. hat sich die Stadt wieder bemerkbar machen können. Vor allem dank des Tourismus, aber auch als Fährhafen Richtung Seeland. Einen harten Kontrast zur Innenstadtidylle bilden die Windkrafträder am Fährhafen, es waren 1985 die ersten in Dänemark errichteten.

Hotel

Hotel Hvide Hus
Gutes Haus in Wassernähe, funktional eingerichtete Zimmer, außerdem auch eine gute Küche und Nachtclub.
Strandgårdshøj 1
Tel. 86 34 14 66, Fax 86 34 49 69
98 Zimmer
Mittlere Preisklasse (AE, DC, EC, Visa)

Sehenswertes

Fregatte Jylland
1860 lief das Schiff vom Stapel, nahm kurz darauf an der Schlacht bei Helgoland teil, wurde 1908 ausgemustert und kam in einem eher erbarmungswürdigen Zustand 1960 in Ebeltoft an. Eine Zeit der mühsamen Restaurierung begann. Heute ist das längste Holzschiff der Welt wieder zu alter Pracht erstrahlt. Und selbst wenn das Schiff nicht auf hoher See ist und man sich gleichzeitig mit unzähligen anderen Besuchern über Deck bewegt, so stellt sich doch ein Gefühl von Seeleben und Erhabenheit ein. Plötzlich werden alle zu stolzen Kapitänen.
Strandvejen 4
Mitte Okt.–März tgl. 10–16, April–Mitte Juni, Mitte Aug.–Mitte Okt. tgl. 10–17, Mitte Juni–Mitte Aug. tgl. 9–19 Uhr
Eintritt 40, Kinder 20 DKK

Nachtwächter
Nach guter alter Tradition schreitet der Nachtwächter durch die Stadt. Früher mußte er eher darauf achten, daß nicht irgendwo ein Feuer entstand, heute dient sein Weg eher der Pflege des historischen Images der Stadt.
15. Juni–20. Aug. tgl. 20, 21, 22 Uhr ab Altes Rathaus

Prachtvoll wie das ganze Schiff ist die Gallionsfigur der »Jylland«

Museen

Det gamle Rådhus
Das erste Rathaus wurde hier 1576 gebaut, das heutige entstand erst 1789. Angeblich das kleinste Rathaus der Welt. Es beherbergt das Heimatmuseum, ist aber zuweilen auch Schauplatz einer Hochzeit.
Juulsbakke
Okt.–März Sa, So 11–15, April, Mai, Sept. Di–So 11–15, Juni–Aug. tgl. 10–17 Uhr
Eintritt 15, Kinder 5 DKK

Glasmuseum
Ein großartiges Museum zur Glaskunst, eindrucksvolle Sonderausstellungen, für Kinder ist sicherlich auch die Produktion auf dem Hinterhof interessant.
Strandvejen 8
Jan.–Mai, Sept.–Dez. tgl. 10–17, Juni–Aug. tgl. 10–19 Uhr
Eintritt 30, Kinder 5 DKK

Essen und Trinken

Ane Kirstine
Ambitionierte dänische Küche, gute Fischgerichte, derzeit wohl das beste Restaurant der Stadt.
Adelgade 62
Tel. 86 34 44 66
Juni–Aug. tgl., Sept.–Mai So geschl.
Obere Preisklasse (AE, DC, EC, Visa)

Mellem Jyder
Mit vielen Antiquitäten historisch eingerichtete Gaststube in einem Gebäude von 1610. Sehr schöne Terrasse, dänische Küche zu angemessenen Preisen.
Juulsbakke 3
Tel. 86 34 11 23
Mai–Sept. Mi–Mo 10–23 Uhr, Okt.–April Mi–Mo 10–21, Feb. geschl.
Mittlere Preisklasse (DC, EC, Visa)

Egtved

■ C8

Eigentlich ein ganz gewöhnlicher jütischer Ort, bis 1921 ein sensationeller Fund Egtved bekannt machte. Nördlich der Ortschaft befindet sich ein eindrucksvoller Skulpturenpark, geschaffen von dem großen dänischen Künstler Robert Jacobsen und dem Franzosen Jean Clareboudt.

Museum

Egtvedpigens Grav
1921 wurde in einem Grabhügel eine ungeöffnete Kiste gefunden. In ihr fand man den Leichnam eines ca. 16–18jährigen Mädchens, das um 1370 v. Chr. begraben worden sein muß. Sie trug Sommerkleidung und etwas Schmuck. Außerdem entdeckte man im Grab u. a. noch die verbrannten Knochenreste eines Kleinkindes.
Informationsbygningen Egtved Holt
April, Mitte Aug.–Mitte Okt. 9–17, Mai–Mitte Aug. 9–20 Uhr
Eintritt gratis

Rustikale Stuben wie das »Mellem Jyder« findet man im ganzen Land

Ejer Bavnehøj/ Yding Skovhøj ■ D7

Mit 170,95 m ist Ejer Bavnehøj Dänemarks höchster natürlicher Punkt, der Turm befindet sich dann gar in 184 m Höhe. Das in der Nähe befindliche Yding Skovhøj mißt zwar sogar 173 m Höhe, doch da die letzten Meter durch einen Grabhügel aus der Bronzezeit erschwindelt sind, gilt allgemein Ejer Bavnehøj als höher.

Fredericia ■ D8

Entstanden ist Fredericia ab 1648 als strategische Bastion am Kleinen Belt. Die Stadt wurde schachbrettartig angelegt und mit einem Wall gesichert. Um Bewohner zu gewinnen, erlaubte man auch Anhängern verfolgter Glaubensgemeinschaften den Zuzug. Einen schönen Überblick über die Stadt hat man vom **Hvide Vandtårn** (Weißer Wasserturm), der im Sommer täglich, sonst nur am Wochenende geöffnet ist.

Hotel

Kryb-i-ly-Kro
Der Kryb-i-ly-Kro ist sicherlich nicht das dunkle, schon leicht morsche Gasthaus, das man sich unter einem Landgasthof in der Provinz vielleicht vorstellen mag. Sondern es handelt sich hier um ein wahres Gast-Haus, das im Inneren sehr gemütlich und liebevoll ausgestattet wurde und dessen Speisestube (hervorragendes Essen!) historischen Charme versprüht, wenngleich sie relativ neu ist, brannte das gesamte Gebäude doch 1973 nieder. Die Zimmer sind allerdings sehr einfach. Die Bezeichnung »Schlüpf-unter-Krug« stammt übrigens von König Christian IV., der hier 1737 vorbeikam und den im Regen auf dem Feld arbeitenden Bauern riet, doch im Krug unterzuschlüpfen.
Kolding Landevej 160
Tel. 75 56 25 55, Fax 75 56 45 14
76 Zimmer
Mittlere Preisklasse (AE, DC, EC, Visa)

Fredericias »Weißer Wasserturm« ist Teil des Stadtwalls

Museen

Fredericia Historiske Miniby
Ein wirklich originelles Museum ist die Ministadt, die Fredericia im Maßstab 1:10 zum Zeitpunkt 1849 darstellt.
Vestre Ringvej
Mitte Juni–Juli 10–20, Aug. 10–18, Sept. Sa, So 10–18 Uhr
Eintritt 10, Kinder 5 DKK

Telegrafregimentets Historiske Samling
Eine umfangreiche Sammlung zur Geschichte der Kommunikationsmittel, geprägt wird die Sammlung durch Gegenstände aus dem militärischen Bereich.
Bülow Kaserne, Øster Voldgade
Mi 11–15.30 Uhr
Eintritt 10, Kinder 5 DKK

Givskud Zoo ■ C 7

→ Mit Kindern unterwegs, S. 33

Gjern ■ D 6

Gjern ist als Ort selbst eher unbedeutend. In aller Munde geriet er aber spätestens, als innerhalb eines Ferienzentrums eine Trockenskipiste angelegt wurde (→ Sport und Strände, S. 37)!

Museum

Jysk Automobilmuseum
Eines der ältesten und immer noch besten Automobilmuseen des Landes, ca. 135 Oldtimer werden gezeigt.
Mai–Mitte Sept. tgl. 10–18, April, Mitte Sept.–Nov. Sa, So 10–17 Uhr
Eintritt 35, Kinder 15 DKK

Grenå ■ F 5

Grenå ist alles andere als eine schöne Stadt. Das Zentrum ist von durchschnittlicher Anziehungskraft, der Hafen uninteressant. Wer vorher in Ebeltoft war, wird enttäuscht sein. Und Pech (oder Unvermögen) kommt noch hinzu, denn im Kampf darum, welche Fährverbindungen zwischen Jütland und Seeland auch nach der Eröffnung der Brücke über den Großen Belt überleben werden, verlor die Verbindung Grenå–Hundested bereits im Frühjahr 1996 gegen die Fähren aus Ebeltoft. Man hatte zur falschen Zeit auf die falschen Schiffe gesetzt, die Katamaranfähren konnten dank des langen, eisigen Winters gar nicht fahren.

Was lohnt, ist die Umgebung. Sie ist nicht spektakulär, sondern von gleichbleibender Schönheit. Zahlreiche Attraktionen, von denen hier nur wenige genannt werden können, lassen eigentlich niemals Langeweile aufkommen.

Sehenswertes

Djurs Sommerland
Ein großer Vergnügungspark für die Jüngeren mitsamt einem großen Badeland. Vergnügen für einen ganzen Tag.
Randersvej 17, Nimtofte
Mitte Mai–Mitte Juni, Aug. tgl. 10–18, Mitte Juni–Juli tgl. 10–20 Uhr
Eintritt 80, in der Hochsaison 90 DKK

Kattegatcentret
→ Mit Kindern unterwegs, S. 33

Hobro ■ D 4/D 5

Ein kleiner, an sich nicht bedeutsamer Ort an der schmalsten Stelle des Mariager Fjords, der dank der nahen Wikingersiedlung aber jedem Dänen ein Begriff ist.

Museen

Ibsen – Samling af nyere kunst
Wer sich für neuere dänische Kunst interessiert, kommt wohl an dieser Sammlung von ca. 800 Bilder kaum vorbei.
Sdr. Kajgade 18a
Fr–So 10–18 Uhr
Eintritt 25, Kinder 10 DKK

Vikingegård ved Fyrkat
Die Wikingerburg Fyrkat wurde hier 980 von Harald Blauzahn gebaut. Bislang konnte man nur die nachgestellten Umrisse der Anlage betrachten, außerdem ein zeittypisches Haus. Nachdem nun mehrere Städte ihre Wikingervergangenheit entdeckt haben, beeilt man sich auch hier, das Ausstellungsgelände zu erweitern und Fyrkat zu einer zumindest im Sommer wirklichen Wikingerstadt zu machen. Das soll in den nächsten Jahren Schritt für Schritt geschehen.
Fyrkatvej
Mitte April–Mitte Okt. 10–17 Uhr
Eintritt 15 DKK

Horsens ■ D 7

Horsens ist eine am Ende des gleichnamigen Fjordes gelegene, stark wachsende Stadt. Das war nicht immer so, denn Brände und Plünderungen schien die Stadt fast magisch anzuziehen. Erst als man begann, Horsens mit Wällen und Gräben zu befestigen, wurde auch ein Wachstum möglich, siedelten sich später große Firmen an.

Viel historische Bebauung ist nicht mehr erhalten, dennoch macht Horsens einen recht harmonischen Eindruck. Auffällig ist die enorm breite Fußgängerzone, angeblich Dänemarks breiteste.

Dicht an dicht mit Haien – das Kattegatcenter in Grenå

1681 wurde in Horsens übrigens Vitus Bering geboren, der später für den russischen Zaren Peter der Große auf Expedition ging. Er entdeckte u. a., daß Asien und Amerika nicht zusammenhingen. 1741 starb er an Skorbut.

Sehenswertes

Klosterkirke
Im Inneren sehr schön ausgeschmückte Kirche, die ursprünglich Teil eines Franziskanerklosters war. Der vergoldete Altar ist ca. um 1500 errichtet worden.
Kirkegade

Museen

Arbejder-, handværker og Industrimuseet
Sehr beeindruckendes Museum zur Industriegeschichte mit alten Gerätschaften, an denen heute aber noch gearbeitet wird. Auch für Kinder sicherlich beeindruckend.
Gasvej 17–19
Juli, Aug. tgl. 10–16, Sept.–Juni tgl. 11–16 Uhr
Eintritt 10 DKK, Kinder bis 15 Jahre gratis

Fængelsemuseet
Ein nicht ganz alltägliches Museum, es befindet sich im Keller des realen Gefängnisses. Gezeigt werden u. a. das bedrückende Leben der Gefangenen, das, was sie während ihrer Gefangenschaft fertigten, und die Justizmethoden in früheren Zeiten.
Fussingvej 8
Mitte Juni–Mitte Aug. Mo, Di, Do, Fr 13 Uhr
Zugänglich nur mit Führung
Eintritt 25 DKK, Tickets beim Touristenbüro (Søndergade 26)

Der besondere Tip

Horsens Kunstmuseum Eines der größeren jütischen Kunstmuseen, mit einem wunderbaren Querschnitt durch die letzten beiden Jahrhunderte dänischer Malerei. Insbesondere die Sammlung von Werken der Goldaltermaler weiß zu gefallen. Darüber hinaus kann das Museum auch immer wieder durch lohnende Sonderausstellungen auf sich aufmerksam machen. Moderne Grafik wird im Museumsshop verkauft. Gelegen ist der 1992 erheblich erweiterte Komplex in einem sehr schönen Park. Carolinelundsvej 2, Juli, Aug. Di–So 10–16, Sept.–Juni Di–So 11–16 Uhr, Eintritt 20 DKK, Kinder gratis

Horsens besitzt die breiteste Fußgängerzone des Landes

Jelling ■ C 8

»König Gorm errichtete diesen Gedenkstein für seine Frau Thyra, Dänemarks Zierde.« Dieses ist die Gründungsurkunde Dänemarks, die Worte stehen auf einem der beiden Runensteine in Jelling. »Dänemark« ist erstmals erwähnt.

»König Harald ließ diesen Gedenkstein für seinen Vater Gorm und seine Mutter Thyra errichten, der Harald, der ganz Dänemark und Norwegen unterwarf und die Dänen zu Christen machte.« Das ist die Inschrift auf dem zweiten, größeren Stein, der somit auch Dänemarks Übergang von der heidnischen in die christliche Epoche beschreibt.

Kein Wunder also, daß Jelling eine Art Wallfahrtsort geworden ist. Jeder Däne möchte sehen, wo sein Land begründet wurde.

Gorm selbst wurde vermutlich 958 im nördlichen Grabhügel begraben, sein Sohn ließ aber eine Kirche errichten und den Leichnam überführen.

Kolding ■ C 8/C 9

Kolding ist eine der wichtigsten und größten jütischen Städte. Natürlich auch dank der verkehrsgünstigen Lage, trennen sich doch hier die Wege nach Fünen und Nordjütland.

Doch Kolding ging es eigentlich immer recht gut, denn hier stand das Schloß Koldinghus, das von den Königen gerne genutzt wurde. Entsprechend wurde auch die Stadt von ganz oben gefördert.

Heute besitzt die Stadt eine weitverzweigte Fußgängerzone, eine reizvolle Umgebung und so manche wirkliche Attraktion.

Hotel

Hotel Koldingfjord
Prächtig thront das Haus am Koldingfjord. Moderne, liebevoll eingerichtete Zimmer, ein geschmackvoll ausgestaltetes Restaurant samt Terrasse, insgesamt eine hochherrschaftliche Anlage – eines der besseren Häuser.
Fjordvej 154
Tel. 75 51 00 00, Fax 75 51 00 51
115 Zimmer
Mittlere Preisklasse

Sehenswertes

Den Geografisk Have
Ca. 3000 verschiedene Pflanzen warten hier auf begeisterte Besucher, insbesondere der Rosengarten dürfte verzücken. Und für die Kleinen gibt es einen Spielplatz.
Christian d. 4 Vej
Jan.–April, Okt.–Dez. Mo–Fr 8–14.30, Sa, So 8–17 Uhr, Mai–Sept. 8–17 Uhr
Eintritt Mai–Sept. 25, Kinder 12–16 Jahre 10 DKK, sonst gratis

Museen

Kunstmuseet Trapholt
Trapholt ist nicht nur ein Kunstmuseum, sondern ist schon als Gebäude und mittels seiner Lage am Fjord eine Sehenswürdigkeit. Im Inneren wartet auf den Besucher dann Landschaftsmalerei ebenso wie abstrakte Kunst. Die Keramiksammlung ist vorzüglich, absolutes Highlight ist aber die nun in erweiterten Räumen gezeigte Schau dänischen Möbeldesigns.
Æblehaven 23
Mai–Sept. 10–17, Okt.–April Mo–Fr 12–16, Sa, So 10–16 Uhr
Eintritt 22 DKK, Kinder unter 16 Jahren gratis

Museet på Koldinghus
Unübersehbar ist Koldinghus der Mittelpunkt der Stadt. 1268 entstand hier eine Burg, von der aus die Grenze zwischen dem Herzogtum Schleswig und Dänemark kontrolliert werden sollte. Später wurde die Burg zum Schloß, die Könige gingen ein und aus. Im 18. Jh. kamen sie zusehends seltener, dann geschah das Unglück. Spanischen Truppen, an den Napoleonischen Kriegen beteiligt, war es zu kalt, sie entfachten ein wärmendes Feuerchen – und plötzlich stand das ganze Haus in Flammen. Erst Ende des 19. Jh. begann der Wiederaufbau, der dann ein Jahrhundert später weitgehend abgeschlossen wurde.

Heute ist das Gebäude an sich sehenswert, es beherbergt aber auch schöne Ausstellungen, u. a. zur Geschichte und Malerei.
Feb.– Okt. 10–17, Nov., Dez. Mo–Fr 12–15, Sa, So 10–15 Uhr
Eintritt 30 DKK, Kinder unter 16 Jahren gratis

Essen und Trinken

Ma Cuisine
Der neue Stern am Koldinger Restauranthimmel, dänisch-französische Küche mit festen Menüs, darunter auch ein exzellentes Fischmenü. Eingerichtet ist das Restaurant in einer alten Villa, geboten wird der Blick auf das Schloß.
Ejlersvej 24
Tel. 75 50 54 11
Di–Sa 18–23 Uhr
Luxusklasse (AE, DC, EC, Visa)

Mariager ■ D 4

Mariager ist am gleichnamigen Fjord gelegen und erinnert ein wenig an die Puppenstubenhaftigkeit von Ebeltoft und Ribe. Mariager ist allerdings bedeutend kleiner, also schnell gesehen.

Moderne Kunst und Möbel sind die Schwerpunkte des Museums Trapholt

Randers ■ D5

Da wo Dänemarks größter Fluß, die Gudenå, in den Randers Fjord fließt, war natürlich immer etwas los. Früh schon erhielt Randers Burg und Kloster, stritten sich Herrscher um die Stadt, Randers war bedeutend und reich. Erst als im 17. Jh. die Truppen Wallensteins und später Wrangels die Stadt quasi vernichteten, begann eine schwierige Periode. Die Stadt verfiel, Häuser wurden reihenweise abgerissen. Erst ein Jahrhundert später wurde es wieder besser. Der Handel mit dem Umland wurde wieder intensiviert, der Fjord wurde vertieft, Schiffsverkehr mit Kopenhagen und sogar London aufgenommen.

Heute steht hier die viertgrößte Stadt Jütlands. Historische Bebauung findet man nur noch schwerlich, denn in einer gewissen Wachstumseuphorie hat man sie geopfert. Bestes Beispiel ist das Rathaus, das 1930 drei Meter Richtung Norden geschoben wurde, um die Straße zu verbreitern. Zahlreiche große Firmen sorgen heute u. a. dafür, daß es Randers besser geht als so manch anderer jütischen Stadt, so baut hier z. B. ABB Scandia Züge. Und stolz ist man natürlich auf das stadteigene Bier, das Thor Bryg.

Sehenswertes

Randers Regnskov
Randers jüngste Attraktion ist sofort ein großer Erfolg geworden. Der Regenwald hat Einzug gehalten, und mit ihm Schlangen, Krokodile, Schildkröten, Affen und Schmetterlinge. Ein lohnender Besuch.
Torvebryggen 11
Mai–Aug. 10–18, Sept.–April Mo–Fr 10–16, Sa, So 10–17 Uhr
Eintritt 50, Kinder 35 DKK

Museen

Kulturhistorisk Museum
Kein verstaubtes Kunstmuseum, sondern eine reichhaltige Schau quer durch die hiesige Geschichte, u. a. auch wunderbar mittels nachgestellter Zimmer illustriert.
Stemannsgade 2
Di–So 11–17 Uhr
Eintritt 20 DKK, Kinder gratis

Randers Kunstmuseum
Wer einen ersten Einblick in die dänische Kunstgeschichte erhalten möchte, ist hier genau richtig. Denn das Museum besitzt einen vorzüglichen Querschnitt, angefangen bei den Goldaltermalern über die Skagen-, die Fünen- und die Bornholmer Maler bis hin zu den CoBrA-Künstlern und neuesten Tendenzen.
Stemannsgade 2
Di–So 11–17 Uhr
Eintritt 20 DKK; Kinder gratis

Essen und Trinken

In der Brødre- und der Middelgade finden sich günstige Restaurants.

De fire Sanser
Französische Küche am Stadtrand, frisch und lecker, die beste Wahl in der Stadt.
Niels Brocksgade 14
Tel. 86 40 37 33
Mo–Fr 11–14, 18–21, Sa 18–21 Uhr
Luxusklasse (DC, EC, Visa)

Munken
Tolles Frokostrestaurant mitten in der Fußgängerzone, kleiner Garten; bis die Bestellung kommt, dauert es zwar etwas, dafür ist aber auch alles absolut frisch.
Brødregade 23
Tel. 86 42 99 62
Mo–Sa 11–15 Uhr
Untere Preisklasse

Rosenholm Slot ■ E 6

Bereits im 14. Jh. wird das Schloß erwähnt, doch erst im 16. Jh. erlangte es große Bedeutung, als der damalige Besitzer Jørgen Ottesen Rosenkrantz Ländereien hinzukaufte. Sein Sohn Holger machte Rosenholm zum Treffpunkt junger Adeliger, weshalb Rosenholm schon als »Jütlands erste Universität« bezeichnet wurde. Der Familie Rosenkrantz gehört das trapezförmige Renaissanceschloß noch heute, auch wenn der einstige Gesamtbesitz z. T. wieder veräußert wurde.
Mitte Juni–Aug. 10–17 Uhr, Mai, Anfang Juni und Sept. nur am Wochenende
Eintritt 40, Kinder 15 DKK

Samsø ■ E 7/E 8

Zwischen Jütland und Seeland liegt die Insel, für deren Kennenlernen eine Rundfahrt von ca. 50 km reicht. Sehenswert ist im Süden das Gut **Brattningsborg**, das in seiner heutigen Form 1870–1871 entstand. Allerdings darf nur der Park ab und an betreten werden. **Tranebjerg** ist die Hauptstadt, hier finden Sie auch ein Heimatmuseum. **Besser** gilt als schönstes Dorf der Insel, in der Nähe gibt es am **Stavns Fjord** ein einmaliges Vogelreservat. **Nordby** wurde 1990 zum besterhaltenen Dorf Dänemarks erklärt, auffällig, daß die Kirche hier nicht in der Dorfmitte liegt, sondern außerhalb. Bei **Ballebjerg** erhebt sich die Insel auf stolze 64 m.

Silkeborg ■ D 6

Wer den Autoteil einer jütischen Tageszeitung aufschlägt, muß glauben, Silkeborg bestünde nur aus Autohäusern. Fast scheint es in keinem anderen jütischen Ort welche zu geben, nur hier. Doch das macht sicherlich nicht die Faszination der Stadt aus. Vielmehr ist es die einzigartige Lage an der Seenplatte. An manchen Seen geht es sehr trubelig zu, an anderen findet man noch ein-

Vom Himmelbjerg überblickt man die Silkeborger Seenplatte

sam-lauschige Plätzchen. Ein Muß für jeden Besucher ist die Fahrt mit »Hjejlen«, dem ältesten Raddampfer der Welt, hinaus in Richtung Himmelbjerg.

Das Silkeborger Zentrum selbst ist kaum aufregender als das anderer Orte, was einen Besuch über die Seenplatte hinaus aber in jedem Fall lohnend werden läßt, sind die Museen.

Hotel

Låsby Kro
→ Der Besondere Tip, Hotels und andere Unterkünfte, S. 20

Sehenswertes

Hjejlen
TopTen 2
»Hjejlen« wurde 1861 gebaut und gilt als ältester noch fahrender Raddampfer der Welt. Eine Fahrt mit ihm über die wunderschöne Silkeborger Seenplatte ist ein Erlebnis, auch wenn Sie vermutlich nicht gerade allein sein werden. Unterwegs lohnt sich der Ausstieg am Himmelbjerg mitsamt einer kleinen Wanderung hinauf. »Hjejlen« selbst fährt allerdings nur im Hochsommer, andere Schiffe haben eine etwas längere Saison.
Hjejlen: Ende Juni–Mitte Aug. tgl. 10 und 13.45 ab Silkeborg
Andere Boote: Mitte Mai–Aug. bis zu 6mal tgl.
Rückfahrschein je nach Strecke 25–72 DKK, Hjejlen 35–82 DKK
Infos unter Tel. 86 82 07 66

Museen

AQUA
Als das Aquarium Anfang der 1990er eröffnet wurde, galt es noch als Sensation, weil sich die Perspektive verkehrt hatte, es hatte eher den Anschein, daß die Fische und Otter auf die Menschen schauten als umgekehrt. Heute sind auch andere Museen so konzipiert. Dennoch ist AQUA einen Besuch wert, weil die gesamte Anlage sehr natürlich wirkt.

Der Besondere Tip

Ludvigslyst Eine Mischung aus Restaurant und Museum. Drinnen natürlich historisch gehalten, serviert wird auch historische dänische Küche, viel und schwer. Im oberen Stockwerk dann eine sehr liebevoll zusammengetragene Sammlung historischer Lokal- und Hoteleinrichtungen. Da gibt es z. B. ein altes Hotelbett samt Waschgelegenheit, einen historischen Herd oder auch Touristikprospekte von anno dazumal. Im Sommer kann man auch im Garten sitzen, zuweilen werden auch Musik- und Tanzveranstaltungen angeboten. Ein Nostalgietrip vor den Toren Silkeborgs. Julsøvej 248, Svejbæk, Mai–Sept. Di–Sa 10–22, So 10–17 Uhr, Tel. 86 84 55 30, Mai–Sept. Di–So 10–22 Uhr, Mittlere Preisklasse (AE, DC, EC) ■ D 6

Vejlsøvej 55
Mai Mo–Sa 10–16, So 10–17, Juni–Aug. tgl. 10–18, Sept.–April Di–Sa 10–16, So 10–17 Uhr
Eintritt 40, Kinder 20 DKK

Silkeborg Kulturhistoriske Museum
Ein typisches Heimatmuseum mit Stadtgeschichte, historischem Handwerk und einer bemerkenswerten Glassammlung. »Schmuckstück« ist der Tollundmann, eine 1950 gefundene Moorleiche, deren Tod man lange Zeit auf ca. 200 v. Chr. datierte, mittlerweile aber noch ca. 200 Jahre älter. Aus derselben Zeit stammt das Ellingmädchen, das hier ebenfalls zu sehen ist.
Hovedgårdsvej 7
Mitte April–Mitte Okt. tgl. 10–17, Mitte Okt.–Mitte April Mi, Sa, So 12–16 Uhr
Eintritt 20, Kinder 5 DKK

Silkeborg Kunstmuseum
Ein Mann prägt dieses Museum. Asger Jorn, eigentlich Asger Jørgensen (1914–1973), heißt er und gilt als einer der auch international bedeutendsten dänischen Künstler des 20. Jh. Zu sehen ist aber nicht nur sein Werk, sondern auch ein Teil seiner eigenen Sammlung, die Namen wie Le Corbusier, Dubuffet und Max Ernst umfaßt. Die Sammlung des Museums selbst konzentriert sich folgerichtig auf andere Maler des 20. Jh. Ein Museum, für das man unbedingt Zeit mitbringen sollte.
Gudenåvej 7–9
April–Okt. Di–So 10–17, Nov.–März Di–Fr 12–16, Sa, So 10–17 Uhr
Eintritt 30 DKK, Kinder gratis

Essen und Trinken

Karoline Amalie
Wunderschön außerhalb der Stadt an der Straße 52 Richtung Horsens gelegen, französisch geprägte Küche von bemerkenswerter Qualität.
Uglesøvej 1
Tel. 86 83 74 92
Tgl. 11.30–14.30, 17.30–23.30 Uhr
Obere Preisklasse (EC, Visa)

Ludvigslyst ist teils Restaurant, teils Museum

Piaf
Bestes Haus am Platz, gediegene Atmosphäre, phantasievolle Zubereitung, aufmerksamer Service, angemessene Preise.
Nygade 31
Tel. 86 81 12 55
Mo–Sa 12–14.30, 17.30–22.30 Uhr
Obere Preisklasse (DC, EC, Visa)

Einkaufen

Galerie Moderne
Silkeborg besitzt bemerkenswert viele Galerien, in der Nygade, die nur z. T. Fußgängerzone ist, finden Sie einige. Die bekannteste ist allerdings die Galerie Moderne, eine der größten Galerien Skandinaviens. Wer sich für dänische und internationale Grafik des 20. Jh. interessiert, muß hierhin.
Skoletorvet
Mo–Sa 10–17 Uhr

Skovs Antik
Ein riesiges Antiklager mit Bildern, Glas und Möbeln, vor allem aber mit Porzellan von B & G sowie Kongeliget Porcellæn.
Østergade 13

Skanderborg ■ D 7

Das schönste an Skanderborg ist vermutlich die Lage an dem gleichnamigen See; wer Ruhe sucht, ist in dem großen Park im Süden des Ortes richtig, Wild durchstreift das Gelände, man kann am Ufer relaxen oder baden. Die Stadt selber ist ansonsten nicht weiter erwähnenswert. Das Stadtfest Anfang August gilt allerdings als eines der schönsten in Jütland.

Museum

Øm Kloster Museum
Ein ungewöhnliches Museum, denn hier geht es um die Geschichte des Klosters allgemein. Das Gebäude selbst wurde als Zisterzienserkloster gegründet und funktionierte als solches bis 1560.
Munkevej 8
Mai–Aug. Di–So 10–18, Sept. Di–So 10–17, Okt. Di–So 10–16 Uhr
Eintritt 25, Kinder 10 DKK

Vejle ■ C 8/C 9

Vejle ist keine sonderlich anmutige, aber eine doch erkennbar prosperierende Stadt. Die Innenstadtbebauung bietet dem Auge kaum Überraschendes, das wirtschaftliche Leben bestimmt der Hafen. Beachtenswert ist **Den Smidtske Gård** (1799), in dem u. a. die Touristeninformation untergebracht ist. Reizvoll ist im Sommer die Fahrt mit der historischen Eisenbahn nach Jelling.

Hotel

Munkebjerg Hotel
Außerhalb der Stadt gelegenes Hotel mit herrlichem Blick über den Fjord, Casino und einem ausgezeichneten Restaurant. Im Inneren ein wenig kühl.
Munkebjergvej 125
Tel. 75 72 35 00, Fax 75 72 08 86
148 Zimmer
(AE, DC, EC, Visa)
Obere Preisklasse

Sehenswertes

Skt. Nikolai Kirke
Zwei Dinge lohnen den Besuch der Kirche. In der Mauer des nördlichen Kreuzganges sind 23 Schädeldecken eingemauert, der Sage nach von Räubern, die man vor den Toren der

Stadt hingerichtet hat. Und bei einer Moorleiche, die man 1935 westlich der Stadt gefunden hat und die heute in einem Sarg in der Kirche aufbewahrt ist, glaubte man, den Leichnam der norwegischen Wikingerkönigin Gunhild gefunden zu haben. Heute weiß man, daß die betreffende Person aber bereits im 4. oder 5. Jh. v. Chr. gelebt haben muß.

Museum

Vejle Kunstmuseum
Leider oft unbeachtet bleibendes Kunstmuseum mit moderner Kunst, Schmuckstück ist die grafische Abteilung, u. a. mit Grafik von Dürer und Rembrandt.
Flegborg 16
Di–So 11–16 Uhr
Eintritt 15 DKK, Kinder gratis

Essen und Trinken

Da Franco
Italienische Küche vom Feinsten, besonders gute Fischgerichte, eine der besten Küchen am Ort.
Orla Lehmannsgade 2
Tel. 75 82 57 67
Mo–Sa 17.30–22 Uhr
Obere Preisklasse (DC, EC, Visa)

Merlot
In angenehm stilvoller Atmosphäre läßt sich hier ausgezeichnete dänisch-französische Küche genießen, gute Weinauswahl.
Nørregade 45
Tel. 75 83 88 44
Mo–Sa 12–14, 18–24 Uhr
Obere Preisklase
(AE, DC, EC, Visa)

Viborg ■ C 5

Ein Blick auf die Landkarte unterstreicht, was wohl auch schon früher gegolten haben muß: Viborg liegt verkehrstechnisch sehr günstig. Randers, Århus, Aalborg und Holstebro sind gleichermaßen schnell erreicht. Kein Wunder also, daß der Heerweg hier begann (→ Routen und Touren, S. 111). Viborg war Nordjütlands religiöses und politisches Zentrum. Der letzte König, der hier gekrönt wurde, war Christian V. im Jahre 1655. Auch die Reformation nahm in Viborg ihren Ausgang, denn der dänische Reformator Hans Tausen verkündete zuerst im **Gråbrødreklostret** die neue Lehre.

Auch heute ist Viborg eine sehr lebendige Stadt mit einem sehr regen innerstädtischen Handel. Und hat sich dennoch eine sehenswerte Innenstadt bewahren können. Der schönste Straßenzug ist die Sct. Mogensgade, in der auch noch die Reste des erwähnten Klosters zu sehen sind (Nr. 12).

Hotel

Golf Hotel
Relativ nüchternes Hotel, allerdings traumhaft außerhalb der Stadt am Wasser gelegen. Bei gutem Wetter läßt sich herrlich auf der Terrasse entspannen.
Randersvej 2
Tel. 86 61 02 22, Fax 86 61 31 71
133 Zimmer
Mittlere Preisklasse (AE, DC, EC, Visa)

Sehenswertes

Bruunshåb gamle Papfabrik
Die 1909 begründete Fabrik sollte eigentlich in den 1980ern geschlossen werden. Doch Staat und Gemeinde schalteten sich ein und sorgten dafür, daß hier weiterhin produziert wird, gleichzeitig die Anlage aber als Museum dient. So kann man der Papierproduktion auf historischem Gerät folgen. Eine durchaus lehrreiche Veranstaltung.
Vinkelvej 97, Bruunshåb
April–Okt. Mo–Fr 10–14 Uhr
Eintritt 10, Kinder 10 DKK

Domkirke
Ende des 19. Jh. hielt man den Dom für zu klein, riß ihn, bis auf die Krypta, nieder und errichtete das heutige Gebäude. Es wirkt von außen recht nüchtern, im Inneren blendet einen aber fast die Farbenpracht von Joakim Skovgaards monumentaler Malerei. Er vollendete sein Werk 1906.

Museum

Skovgaardsmuseet
Vater Skovgaard gilt als einer der besten Maler der Goldalterperiode im 19. Jh., auch seine Söhne haben Kunstgeschichte geschrieben.
Domkirkestræde 2–4
Mai–Sept. 10–12.30, 13.30–17, Okt.–April 13.30–17 Uhr
Eintritt gratis

Essen und Trinken

Brygger Bauers Grotter
Durch das Lokal läuft eine Quelle, auch sonst geht es in diesem urgemütlichen Kellergewölbe recht unkonventionell zu. Gutbürgerlich.
Sct. Mathiasgade 61/Domkirkestræde 14
Tel. 86 61 44 88
Mo–Sa 11–23 Uhr
Mittlere Preisklasse (DC, EC, Visa)

Hvalpsund Færegekro
→ Der Besondere Tip, Essen und Trinken, S. 26

Der Viborger Dom weiß durch Skovgaards Deckenmalereien zu begeistern

Århus ■ E 6

Århus ist die größte Stadt Jütlands und zweitgrößte Dänemarks. Entsprechend lebendig geht es hier zu, ist das Angebot für Besucher attraktiv. Vom Bahnhof aus zieht sich die Fußgängerzone durch die Stadt, natürlich findet man hier alle bekannten Geschäftsketten. Erwähnenswert ist das alteingesessene Kaufhaus Salling, später folgt eine Filiale des berühmten Magasin du Nord. Zwischendurch lassen sich aber auch immer wieder Boutiquen mit einem ganz eigenen Charme entdecken. Einen faszinierenden Kontrast bietet dann das sogenannte

Der verkehrsberuhigte Åboulevarden ist Århus neuer Treffpunkt

Latinerviertel, das nördlich des Skt. Clemens Torv beginnt. Hier wirkt alles etwas unorthodoxer, sind die Geschäfte origineller, kann man in einem der zahlreichen Cafés pausieren.

Doch auch das kulturelle Angebot kann sich sehen lassen. Großartige Museen und ambitionierte Galerien warten auf ihr Publikum, die Musikszene blüht. Daß sich in einer solchen Umgebung auch hervorragende Köche niederlassen, versteht sich von selbst. Insbesondere Anfang September, wenn die Festwoche stattfindet, entwickelt die Stadt ihren eigenen Charme.

Im übrigen ist Århus auch eine der ältesten dänischen Städte, bereits 948 erhielt sie einen Bischof. Kontinuierlich entwickelte sie sich an der Mündung der Århus Å, doch erst Mitte des 19. Jh. erhielt sie den Schub, der sie zur heutigen Größe brachte. Der Fluß selbst war übrigens lange Zeit unter der Straße begraben, Mitte der 1990er begann man aber mit der teilweisen Freilegung. Und so erinnert der Åboulevarden, der in seinem östlichen Abschnitt verkehrsberuhigt wurde, an schönen Sommertagen an mediterrane Momente. Dann sitzen die Århuser auf den Treppen am Wasser und genießen einfach das Leben.

Hotels

Ansgar Hotel
Zentral gelegenes, ordentliches Hotel, gutes Preis-Leistungs-Verhältnis.
Banegårdspladsen 14
Tel. 86 12 41 22, Fax 86 20 29 04
168 Zimmer
Untere Preisklasse (AE, DC, EC, Visa)

Hotel Marselis
Vermutlich das Hotel mit der besten Lage, denn es liegt unmittelbar am Wasser, allerdings nicht im Zentrum, sondern am Südrand nahe des Waldes von Marselisborg.
Strandvejen 25
Tel. 86 14 44 11, Fax 86 11 70 46
101 Zimmer
Mittlere/Obere Preisklasse (AE, DC, EC, Visa)

Hotel Royal
Sehr klassisch eingerichtetes Hotel gegenüber des Domes. Besonderer Clou ist das Casino, dem Service würde es nicht schaden, wäre er weniger hochnäsig.
Store Torv 4
Tel. 86 12 00 11, Fax 86 76 04 04
105 Zimmer
Obere Preisklasse (AE, DC, EC, Visa)

Sehenswertes

Marselisborg Slot
Die Sommerresidenz der Königin, südlich der Stadt gelegen. Sind die Fahnen aufgezogen, ist sie anwesend und es findet um 12 Uhr der Wachwechsel statt. Ist sie nicht da, darf das Volk zumindest in den Garten.

Rådhus
Erst stört sich die Bevölkerung an der Moderne eines Rathauses, Jahrzehnte später ist sie stolz, eines der architekturgeschichtlich bedeutendsten Rathäuser zu besitzen. So geschehen auch in Århus, wo Arne Jacobsens Entwurf aus den 1940ern anfangs nicht nur Freunde hatte. Heute steht das Gebäude unter Denkmalschutz. Hier finden Sie auch das Touristenbüro.
Rådhuspladsen

Vor Frue Kirke
Die Kirche ist Bestandteil eines einstigen Klosters. In ihrem Südflügel findet man noch Reste der Vorgängerin aus dem Ende des 11. Jh. Die heutige Kirche hingegen entstand im 15. Jh., in beiden Kirchen sind sehr schöne Kalkmalereien zu bestaunen.
Frue Kirkeplads
Tgl. 10–14 Uhr

Århus Domkirke
Ein eindrucksvolles Gebäude. Zunächst wurde hier zu Beginn des 13. Jh. die Sct. Clemens Kirke errichtet, an dieser Stelle lag der Stadtheilige Niels begraben, und aus den Spenden der Wallfahrer wurde der Kirchenbau finanziert. Ende des 15. Jh. begann man mit einer radikalen Umgestaltung des Gebäudes, u. a. kam der 92 m hohe Turm hinzu. Die bemerkenswerten Kalkmalereien stammen ca. von 1480.
Mai–Sept. 9.30–16, Okt.–April 10–15 Uhr

Museen

Dansk Plakatmuseum
In Wechselausstellungen werden Plakate zu bestimmten Themen oder bestimmten Epochen gezeigt. Das Museum ist im Århuser Kunstgebäude untergebracht, das ebenfalls Wechselausstellungen zeigt.
Mørksgade 13
Di–Sa 10–17 Uhr
Eintritt 10, Kinder 10 DKK

Den Gamle By
→ Mit Kindern unterwegs, S. 33

Forhistorisk Museum Moesgård
Die Frühgeschichte Dänemarks ist das Thema des Museums, sie reicht bis hin zur Wikingerzeit. Eine Art Lehrpfad (**Oldtidssti**) führt zu historischen Gebäuden und Gräbern.
Mai–Okt. tgl. 10–17, Nov.–April Di–So 10–16 Uhr
Eintritt 30 DKK, Kinder gratis

Das Kvindemuseet (Frauenmuseum) wurde 1982 begründet

Kvindemuseet
Eine Besonderheit. Hier wird die Geschichte der Frauen skizziert, wird ihr Leben quer durch die Jahrhunderte und die Gesellschaftsschichten hindurch dargestellt. Erkundigen Sie sich auch nach den Sonderausstellungen.
Domkirkeplads 5
Juni–Mitte Sept. Di–So 10–17, Mitte Sept.–Mai 10–16 Uhr
Eintritt 15 DKK, Kinder gratis

STENO – Danmarks Videnskabshistoriske Museum
→ Mit Kindern unterwegs, S. 34

Vikingemuseet
Ein Kuriosum, denn während Bauarbeiten stieß man im Keller einer Bank auf Mauerreste aus der Wikingerzeit. Und die kann man hier bestaunen.
Unibank, Sct. Clemens Torv
Mo–Fr 9.30–16, Do 9.30–18 Uhr
Eintritt gratis

Århus Kunstmuseum
Eines der besten jütischen Kunstmuseen, eindrucksvolle Räume beherbergen dänische Kunst aus den letzten 250 Jahren und ganz moderne Kunst aus anderen Ländern. Immer wieder überragende Sonderausstellungen.
Vennelystparken
Di–So 10–17 Uhr
Eintritt 20 DKK; Kinder gratis

Essen und Trinken

A Hereford Beefstouw
Steakhauskette, mit der man eigentlich immer richtig liegt, sofern man Fleisch ißt. Gute, solide Küche ohne (eigentlich auch nicht erwartete) Überraschungen.
Skolegade 5
Tel. 86 13 53 25
Mo–Sa 11.30–14, 17.30–23, So 17.30–23 Uhr
Obere Preisklasse (AE, DC, EC, Visa)

Bryggeriet Sct. Clemens
Brauereigaststätte rustikalen Zuschnitts, wie sie auch in unseren Landen mittlerweile sehr populär sind. Das hauseigene Bier und die gemütliche Stimmung sind hier wichtiger als das Essen, das allerdings auch gut ist.
Kannikegade 10–12
Tel. 86 13 80 00
Mo–Mi 11.30–24, Do–Sa 11.30–2 Uhr
Obere Preisklasse (AE, DC, EC, Visa)

Le Canard
Exzellentes Restaurant mit französischer Küche, dem vielgerühmten Prins Ferdinand fast ebenbürtig.
Frederiksgade 74
Tel. 86 12 58 38
Mo–Fr 12–14, 17–24. Sa 17–24 Uhr
Luxusklasse (DC, EC)

Prins Ferdinand
Momentan die Topadresse in Århus, dänisch-französische Küche auf höchstem Niveau, ein guter Weinkeller, eine Terrasse, eine stilvolle Umgebung – Gourmet, was willst du mehr?
Viborgvej 2, Den gamle by
Tel. 86 12 52 05
Di–Sa 11–24 Uhr
Luxusklasse (AE, DC, EC, Visa)

Raadhuus Kafeen
Urdänisches Lokal, gepflegt historisch gehalten, typisch dänische Küche, solide und gut. Ideal auch für eine kleine Mittagsmahlzeit.
Sønder Allé 3
Tel. 86 12 37 74
Tgl. 11–23 Uhr
Mittlere/Obere Preisklasse (AE, DC, EC, Visa)

Südjütland ist eigentlich weniger eine typische Urlaubsregion als vielmehr ein Ziel für Tagesausflüge. Immerhin wohnt hier ein Prinz.

Das Hin- und Hergerissensein zwischen Deutschland und Dänemark ist in Südjütland überdeutlich. Die deutsche und die dänische Sprache scheinen hier nebeneinander zu existieren. Hier sagt man zur Begrüßung nicht »Goddag« oder »Hej«, sondern norddeutsch »Moin«. Dennoch sind die Südjüten keine heimlichen Deutschlandpatrioten. Sie genießen die Kultur und die Annehmlichkeiten Dänemarks, können aber gleichzeitig die Vorteile der Grenznähe nutzen. Das gilt insbesondere für den Einkauf. Der kleine Grenzhandel blüht, südlich der Grenze haben sich zahlreiche Geschäfte eingerichtet, die vorzugsweise Bier, Schnaps und Zigaretten anbieten. Die großen Touristenströme gehen an Südjütland vorbei. Die Norddeutschen nutzen diesen Landesteil gerne für Kurztrips. Und natürlich fährt ein jeder auch mal nach Rømø. Doch irgendwie scheint Südjütland nicht so richtig als Dänemark zu gelten. Wer verstehen will, was die Menschen hier lange Zeit bewegt hat, der sollte das Schloß in Sønderborg und die in der Nähe befindlichen Schanzen von Dybbøl besuchen. Hier erfährt man mehr über das deutsch-dänische Verhältnis.

Die sonst jütlandtypische Einteilung gilt aber auch hier. Der Osten städtisch, der Westen dünner besiedelt, dafür mit hervorragendem Strand gesegnet.

Windkraft wird auch in Jütland immer wichtiger

Als ■ D 10/D 11

Als ist eine nette, aber unspektakuläre Insel. Einmal abgesehen von Sønderborg, findet sie unter Reisenden kaum Beachtung. Das mag auch daran liegen, daß die größten Sehenswürdigkeiten für die Öffentlichkeit nicht zugänglich sind.

Das gilt z. B. für **Augustenborg Slot,** das lange Zeit herzoglicher Sitz des Hauses Oldenburg war. Das heutige Gebäude entstand in den 1770ern. Erst als Herzog Christian August in den 1830ern seinen Anspruch auf den dänischen Thron formulierte und deshalb flüchten mußte, erhielt das Gebäude eine andere Funktion, u.a. als Lazarett und Schule, heute als Hospital. Auch das **Nordborg Slot** darf man nicht betreten, sondern nur durch den Park schlendern. Anfang des 20. Jh. war das eigentliche Gebäude völlig verfallen, die Kommune erwarb es und ließ auf den Ruinen einen Neubau entstehen. Er dient heute als Schule. Sehr eigen ist auch der Ort **Nordborg** mit den dominierenden Gebäuden der Thermostat-Firma Danfoss.

Museum

Danish Viking Art
Ausstellung mit nachgemachtem Kunstgut der Wikingerzeit, man kann auch bei der Produktion zuschauen.
Vikingehuset Holm, Nordborg
Mo–Fr 10–17.30 Uhr
Eintritt gratis

Brundtlandcenter ■ C 10

Das nach der norwegischen Ministerpräsidentin Gro Harlem Brundtland benannte Zentrum soll einerseits zeigen, welche Technologien in Dänemark bereits für den Bereich »Umweltschutz und wiederverwertbare Energien« entwickelt wurden. Ist also eine Art Verkaufsausstellung. Andererseits soll aber auch die Bevölkerung über dieses Thema aufgeklärt werden, insbesondere geht es um die Nutzung der Sonnenenergie. Lehrreich.
Brundtlandparken, Toftlund
Mai–Aug. Di–So 10–17, Sept.–April Di–So 10–16 Uhr
Eintritt 20 DKK, Kinder gratis

Christiansfeld ■ C 9

Die Herrenhuter stammen ursprünglich aus Böhmen und Mähren, ihren Glauben hat der Reformator Johan Huss begründet, der 1415 als Ketzer verbrannt wurde. Ein Teil seiner Anhänger floh daraufhin nach Herrenhut in Sachsen. 1771 zog ein Teil von ihnen in das heutige Christiansfeld.

Dort entstand bald ein schachbrettartig angelegter Ort mit zahlreichen kleinen Läden und einer ganz eigenen Atmosphäre, die sicherlich durch den eigenwilligen Baustil unterstützt wird. Diesen Charakter hat der Ort bis heute wahren können, auch wenn im Sommer die Besucher in Scharen in den Ort kommen, natürlich einerseits aus Neugier, andererseits aber auch, um den berühmten Honigkuchen zu probieren. In der Lindegade und der Nørregade stehen die ältesten Häuser.

Sehenswertes

Brødremenighedens Kirke
Die Ende des 18. Jh. fertiggestellte Kirche weiß durch ihre Schlichtheit zu gefallen. Der Friedhof, Gottesacker genannt, liegt ein kleines Stück weiter weg. Auffällig ist die Gleichförmigkeit der Steine, die Männer liegen im Westen, die Frauen im Osten.

Museum

Brødremenighedens Museum
Das Museum zeigt das Wirken der Gemeinde weltweit und insbesondere in Christiansfeld, ein Besuch steigert sicherlich das Verständnis. Außerdem gibt es hier ein Radiomuseum, natürlich auch mit einer Bang & Olufsen-Abteilung.
Nørregade 16
Juni–Aug. 14–16 Uhr
Eintritt 10, Kinder 5 DKK

Dybbøl ■ D 11

Für die Dänen ist Dybbøl der Ort schmerzlicher Erinnerungen, denn hier wurde 1864 aus einer bedeutenden Ostseenation ein eher unbedeutender Staat. Im Krieg gegen die Preußen, in dem es um die Herzogtümer Schleswig und Holstein ging, konnten sich die Dänen 1848–1850 noch halten. Unmittelbar danach begann man diesen strategisch wichtigen, weil hochgelegenen Ort zu befestigen. Doch 1864, als die Auseinandersetzungen wieder aufflammten, waren die Schanzen noch nicht fertiggestellt. In einer äußerst blutigen Schlacht mußten sich die Dänen geschlagen geben. Dänemark wurde 19 000 qkm kleiner. Erst mit der neuen Grenzziehung nach dem Ersten Weltkrieg wurde der Norden Schleswigs wieder den Dänen zugesprochen.

Heute kann man über die einstigen Schlachtfelder marschieren. Neben dem **Museum** ist noch die Mühle erwähnenswert. Die ursprüngliche **Mühle** wurde 1849 von preußischen Truppen in Brand gesetzt. Die nächste Mühle wurde im Krieg 1864 stark beschädigt, 1935 nach einem Brand erneut restauriert. Heute gilt sie als bedeutendes nationales Monument, das an die Schmach und das Leid der Kriege erinnert.

Von eindrucksvoller Schlichtheit ist der Christiansfelder Friedhof

Museum

Historiecenter Dybbøl Banke
Das Gebäude wurde 1992 errichtet und hebt sich markant aus der Landschaft hervor. Sehr eindrucksvoll werden hier die dänisch-deutschen Kriege des 19. Jh. nachgezeichnet.
Mitte April–Sept. tgl. 10–17 Uhr
Eintritt 40, Kinder 15 DKK

Frøslevlejeren ■ C 11

Unmittelbar hinter der Grenze, nahe der Ausfahrt 76, liegt das Frøslevlager. Es wurde 1944 als Durchgangslager für dänische Widerstandskämpfer errichtet. Die Idee war eigentlich, die Widerstandskämpfer zu internieren, sie aber vor der Deportation zu schützen, weshalb Deutsche und Dänen auch bei der Errichtung zusammenarbeiteten. Trotzdem wurden ca. 1600 Menschen ins KZ gebracht. Nach dem Krieg internierte man hier Kollaborateure. Heute gibt es verschiedene Museen zu besichtigen, natürlich das Lager selbst, aber auch Ausstellungen von Amnesty International und der UNO.

Gråsten ■ C 10

Kein an sich bemerkenswerter Ort und dennoch jedem Dänen ein Begriff, denn das Schloß dient dem Königshaus als Sommerresidenz, die Königinmutter hält sich hier regelmäßig auf. Das Schloß entstand Anfang des 18. Jh., brannte aber bereits 1757 fast vollständig nieder und wurde dann so wiederaufgebaut, wie man es heute sieht. In der Schloßkirche sind die Malereien an Decke und Wänden sehenswert.

Haderslev ■ C 9

Was für die Bürger lange Jahre problematisch war, freut den Besucher von heute. Da Haderslev jahrhundertelang stagnierte, ist heute noch eine sehr gut erhaltenene historische Bebauung zu bestaunen. Das heißt aber nicht, daß Haderslev ein langweiliger, verschlafener Ort ist. Ganz im Gegenteil, die Stadt wirkt äußerst lebendig. So wie vermutlich im 16. Jh., als sie sogar herzogliche Residenzstadt war.

Haderslevs Innenstadt ist eine der reizvollsten in Jütland

Hotel

Hotel Norden
Modernes, innen aber liebevoll ausgestattetes Hotel, herrlich unweit der Fußgängerzone am Haderslev Dam gelegen. Sehr aufmerksamer Service.
Storegade 55
68 Zimmer
Mittlere Preisklasse (AE, DC, EC, Visa)

Sehenswertes

Haderslev Domkirke
Auf dem höchsten Punkt der Stadt steht dieser eindrucksvolle Bau. Faszinierend ist die bis unter die Decke reichende Orgel, eindrucksvoll der reichverzierte Taufstein, schön sind die Wandmalereien, insgesamt ist die Kirche ein Schmuckstück.
Mai–Sept. 10–17, Okt.–April 10–15 Uhr

Hjemsted Oltidspark ■ B 10

Historisch-aktive Museen sind derzeit in Jütland im Trend, eines der neueren ist dieses etwas südlich von Ribe gelegene. Hier hat man versucht, die Eisenzeit nachzustellen, natürlich wird hier auch zeittypisches Handwerk ausgeübt. Und natürlich kann man auch selbst aktiv werden.
Hjemstedvej 60, Skærbæk
Tgl. 10–17, 15. Juni–15. Aug. 10–19 Uhr
Eintritt 40, Kinder 20 DKK

Kollund ■ C 11

Außer einem guten Möbelgeschäft gibt es in diesem Dorf nahe der Grenze keinen Grund für einen Besuch. Es sei denn, man ist Feinschmecker.

Essen und Trinken

Fakkelgaarden
Christian Bind heißt der Mann, der es schafft, daß Feinschmecker aus ganz Dänemark und Deutschland in das Dorf kommen. In unaufdringlich gediegener Atmosphäre sitzt man im turmförmigen Restaurant, genießt den Blick über die Förde Richtung Flensburg und kann sich der dänisch-französischen Küche hingeben. Auf der Weinkarte dominieren Gewächse aus dem Elsaß, kein Wunder, denn dort verbrachte Bind seine Lehrjahre. Nur der Service könnte in dieser Preisklasse perfekter sein.
Fjordvejen 44, Kollund
Tel. 74 67 83 00
Tgl. 12–14, 18–22 Uhr
Luxusklasse (AE, DC, EC, Visa)

Løgumkloster ■ B 10

Neben Tønder war Løgumkloster um 1800 herum das Klöppelzentrum Südjütlands. Heute verbindet man den Ort aber weniger damit als vielmehr mit diversen kirchlichen Aktivitäten wie etwa einer Pfarrschule.

Das Zisterzienser-Kloster war 1173 begründet worden, später erhielt es sogar den Status eines eigenen Verwaltungsbezirkes. 1961 wurde südlich der Kirche das Refugium eröffnet, das heute sowohl als Veranstaltungsort für Tagungen und klassische Konzerte als auch als Unterkunft für Stillesuchende dient. Die gesamte Anlage aus Kirche, Schloß, Kloster und Garten

Møgeltønders Orgel (1679) gilt als Dänemarks älteste noch bespielte

ist äußerst sehenswert. Ebenso das Glockenspiel gegenüber, das 1973 eingeweiht wurde und heute zur Ausbildung von Glockenspielern dient.

Møgeltønder ■ B 10

Daß Møgeltønder einst ein bedeutender Ort war, mag man heute kaum mehr glauben. Denn heute sieht sich der Besucher nur noch mit einer sehr fotogenen Idylle konfrontiert. Mittelpunkt des Dorfes ist das **Schloß Schackenborg**, in dem Prinz Joachim und seine Gemahlin Prinzessin Alexandra wohnen. Der Prinz ist im Lande sehr beliebt, die aus Hongkong stammende Prinzessin, die Ehe wurde 1995 geschlossen, Liebling aller Dänen und der Yellowpress. Nun versuchen sich die beiden, neben ihren repräsentativen Pflichten, als Landwirte.

Das Schloß entstand in den 1660ern auf den Ruinen eines Møgeltønderhus genannten Gebäudes. Das dänische Volk schenkte dem Prinzenpaar zur Hochzeit Geld zur dringend anstehenden Renovierung des Hauses, das Joachim erst 1993 erworben hatte. Es ist für die Öffentlichkeit nicht zugänglich. Durch den Ort zieht sich eine mit Pflastersteinen belegte Straße.

Museum

Kniplehusets Museum
Eine eindrucksvolle Sammlung von Klöppeleien der Zeit 1600–1900.
Sønderbyvej 1
Juni–Aug. tgl. 10–18, Sept.–Mai Mo–Fr 14–18 Uhr
Eintritt 20 DKK, Kinder gratis

Essen und Trinken

Schackenborg Slotskro
Gute französische Küche in stilvollem Rahmen, im Sommer unbedingt vorbestellen.
Slotsgaden 42
Tel. 74 73 83 83
Di–So 12–20.30
Luxusklasse (DC)

Rømøs weiter Strand darf auch befahren werden

Rømø ■ B 9/B 10

Reizvoll und überlaufen ist die Insel. Kein Wunder, ist sie doch von Deutschland aus schnell erreicht. Wartezeit wegen einer Fähre gibt es seit der Errichtung des Dammes 1948 nicht mehr. Das Angebot an Ferienhäusern ist sehr groß. Und der weite Strand an der Westküste der Insel bietet reichlich Platz. Auch Surfer finden hier ein ideales Revier. An Orten gibt es nur **Lakolk** und **Havneby**, von dem letzteren fahren auch Schiffe nach List auf Sylt.

Lebt Rømø heute vom Tourismus, so war es im 17. und 18. Jh. die internationale Schiffahrt. Viele Rømøer heuerten auf friesischen Walfangschiffen an, verdienten gut und mehrten den Wohlstand auf der Insel.

Museen

Danmarks mekaniske Dukkemuseum
Für Kinder recht witziges Museum, denn hier können sie Spielzeug, überwiegend Puppen, selbst in Betrieb setzen.
Havnebyvej 227
Ende März–April, Okt.–Mitte Nov., Mitte Dez.–Anfang Jan. tgl. 10–16, Mai–Mitte Juni, Aug., Sept. tgl. 10–18, Mitte Juni–Juli tgl. 10–20 Uhr
Eintritt 25, Kinder 20 DKK

Nationalmuseets Kommandørgaard
Prächtig ausgestalteter Kapitänshof von 1748. »Kommandør« ist das friesische Wort für Kapitän, und ein solcher war der Inhaber des Hauses.
Juvrevej 60
Mai–Sept. Di–So 10–18, Okt. 10–15 Uhr
Eintritt 15 DKK, Kinder gratis

Skamlingsbanken ■ D 9

Skamlingsbanken ist nicht nur mit 113 m der höchste Punkt Südjütlands, sondern besitzt noch eine viel größere Bedeutung. Denn zu Beginn der 1840er verfügte König Christian VIII., daß im Herzogtum Schleswig auch dort Dänisch gesprochen werden sollte, wo die Dänen in der Mehrheit waren. Das nutzte ein Herr Hjort Lorenzen aus Haderslev 1842, um in der deutschsprachigen Kieler Ständeversammlung Dänisch zu sprechen. Unter Protest aller anderen.

Lorenzen wurde in Dänemark zum Helden. Und es bildete sich hier auf Skamlingsbanken eine Vereinigung zur Stärkung des Dänischen in Schleswig. Skamlingsbanken wurde zum Symbol des Widerstandes gegen die Deutschen, auch später noch, so gibt es auch ein Denkmal für die Widerständler des Zweiten Weltkrieges. Sie finden hier auch ein Restaurant.

Sønderborg ■ D 11

Sønderborg wird bereits der Insel Als zugerechnet. Es ist eine überschaubare und dennoch quicklebendige Stadt. Die Fußgängerzone ist in den letzten Jahren erweitert und ausgeschmückt worden, die Zusammenstellung der Geschäfte scheint noch nicht so standardisiert zu sein wie andernorts in Jütland. Auch hat sich die Stadt ihre z. T. sehr schönen Häuser bewahren können. Das Schloß nimmt man zunächst nicht so wahr, es liegt unten am Hafen und gleicht weniger einem Schloß als einer Burg. Ganz in der Nähe ist der Anleger der »Butterschiffe« aus Deutschland erkennbar.

Museum

Museet på Sønderborg Slot TOPTEN 7

Ein sehr vielschichtiges Museum, das natürlich Südjütland zum Mittelpunkt hat. Malerei, Kunsthandwerk und Seefahrt sind nur einige Themen. Besondere Beachtung verdient aber die Ausstellung zur deutsch-dänischen Geschichte, für die man sich unbedingt Zeit nehmen sollte. Und natürlich ist das Schloß selbst, um 1150 errichtet, später erweitert, schon den Besuch wert.
April–Okt. tgl. 10–16, Mai–Sept. tgl. 10–17, Nov.–März tgl. 13–16 Uhr
Eintritt 15 DKK, Kinder gratis

Tønder ■ B 10

»Lieblich« ist wohl die richtige Bezeichnung für die Stadt, die einstmals viel bedeutender war, heute aber nicht unwesentlich vom kleinen Grenzverkehr profitiert. Damals war Tønder eine Hafenstadt mit erheblichem Handelsaufkommen. Entsprechend umstritten war sie zwischen den verschiedenen Herrschaftshäusern. Als im 16. Jh. die Eindeichungen begannen, war es aber mit der Hafenstadt Tønder vorbei, man mußte sich jetzt selbst einen Hafen suchen. Im 17. Jh. wurde die Produktion von Klöppelware ein großer Erfolg, noch heute gilt Tønder als die dänische Klöppelmetropole, wenngleich diese Industrie im 18. Jh. an Bedeutung abnahm.

Durch die neue Grenzziehung 1920 verlor Tønder enorm an Bedeutung. Das südliche Umland fiel weg, im Norden begann Esbjerg seinen Aufschwung. Den Besucher wird das kaum stören, denn so blieb ein wunderschöner Ort erhalten, der insbesondere rund um den Markt sowie in der Vester- und in der Østergade sehr gut erhaltene Gebäude aus überwiegend dem 18. und 19. Jh. besitzt.

Tønders Marktplatz besitzt schöne Gebäude aus dem 18. Jahrhundert

Sehenswertes

Trøjborg
Ca. 20 km nordwestlich des Ortes steht nahe Visby ein Kuriosum, die Burgruine Trøjborg. In den 1580ern war das Gebäude errichtet worden, 1852 erwarb es ein Knud Knudsen. Seine Kinder sollten die Burg nicht erben, um kein Herrschergehabe zu entwickeln, nachdem der Staat es aber auch nicht haben wollte, ließ Knudsen das Gebäude einfach niederreißen.
Freier Zutritt

Museum

Sønderjyllands Kunstmuseum
Nicht die sonst in dänische Museen übliche Mischung mit Malerei der letzten zwei Jahrhunderte, sondern einerseits grenzüberschreitend mit einigen norddeutschen Größen. Und andererseits einer guten Sammlung dänischen Surrealismus. Daß etwas »Standardprogramm« dennoch nicht fehlt, sei da verziehen.
Kongevej 55
Nov.–April Di–So 13–17, Mai–Okt. Di–So 10–17 Uhr
Eintritt 15 DKK, Kinder gratis

Essen und Trinken

Christie's
Dänische Restaurantkritiker überschlagen sich im allgemeinen bei der Nennung dieses Restaurants. Und Jens Peter Kolbeck hat auch schon diverse internationale Auszeichnungen erhalten, die auch die Wände schmücken. Das Essen ist denn auch über jeden Zweifel erhaben, perfekt. Nur der Service ist etwas steif und sehr auf Formalia bedacht. Dennoch, wer seinem Gaumen etwas wirklich Gutes tun will (und das nötige Kleingeld besitzt), sollte sich Christie's einmal gönnen.
Ribe Landevej 37
Tel. 74 72 08 90
Mo–Sa 12–14, 18–21 Uhr
Luxusklasse (AE, DC, EC, Visa)

Åbenrå ■ C 10

Eine typische Hafenstadt, eine große Marina, ein nicht gerade schöner Handelshafen, eine breite Durchgangsstraße, eine etwas lieblos wirkende Fußgängerzone, Åbenrå kann auf den ersten Blick nicht begeistern. Erst wenn man die üblichen Pfade verläßt, in Ruhe durch die Seitenstraßen bummelt, dann entdeckt man andere, schöne Seiten der Stadt. Die Gildegade etwa ist sehenswert, aber auch die Slotsgade.

Museum

Aabenraa Museum
Ein Mekka für Fans der Seefahrt und der Schiffsmodelle, ansonsten natürlich jede Menge Stadtgeschichte.
H.P. Hanssens Gade 33
Sept.–Mai Di–So 13–16, Juni–Aug. Di–So 10–16 Uhr
Eintritt 15 DKK, Kinder gratis

Essen und Trinken

Sdr. Hostrup Kro
Südlich von Åbenrå nahe der Straße 170 gelegener Krug, ordentliche Zimmer, hervorragende regionale Küche in einem sehr gemütlichen Lokal. Einwandfreier Service, eine der besten Adressen in Südjütland.
Østergade 21, Sdr. Hostrup
Tel. 74 61 34 46
Tgl. 7–24 Uhr
Obere Preisklasse (AE, DC, EC, Visa)

Für die einen ist die Westküste das Bade- und Wassersportparadies schlechthin, für die anderen nur ein einziger, manchmal langweiliger Strand.

Wer an Jütland denkt, dem kommen sofort die Bilder der tosenden See, der weiten, langen Strände in den Kopf. Es ist die Westküste, die die meisten Besucher anzieht. Sie beginnt mit Esbjerg, das wie ein Tor in eine andere Welt wirkt. Die Marschlandschaft des Südens wird von der Heide- und Dünenlandschaft des Westens abgelöst. Der Wind wird rauher. Bunkerruinen aus dem Zweiten Weltkrieg finden sich fast überall. Die Autos, die hier und da bis ans Wasser dürfen, sind auch nicht viel schöner. Doch die Farbenpracht der Segler am Horizont, die Rasanz der Surfer, die Weite des Strandes, die jedem seine Freiheiten läßt, die Möglichkeit, zwischendurch schnell einmal in das Ferienhaus gleich hinter den Dünen zu können, die kleinen Orte, in denen eigentlich alle Bedürfnisse des Alltags befriedigt werden, all dieses wiegt manch Negatives auf. Und sorgt dafür, daß die Urlaubenden hierhin fahren.

Natürlich wird dieser Strand hin und wieder unterbrochen, dennoch wirkt er für den Besucher wie eine Einheit von Blåvand im Süden bis zum Limfjord im Norden. Auch die Orte ähneln sich, ob man nun Blåvand oder Nymindegab nimmt, Vejers oder Henne Strand. Unzählige Ferienhäuser, ein Kaufmann, ein Ferienhausvermittler, ein Bäcker, ein paar Boutiquen, vermutlich noch eine Disco, fertig ist der Ort. Ein Ort wie Thyborøn, wo das berühmte Schneckenhaus steht, ist da schon eine Ausnahme, ebenso Hvide Sande, beides kleine Fischerhäfen. Das sind Nuancen, reizvoll, aber sicherlich nicht die große Abwechslung.

Was bei einem Blick auf die Landkarte auffällt, sind die eingeschlossenen Fjorde. Sie und die Landzungen wie Skallingen (südlich von Blåvand) und Tipperne (am Südrand des Ringkøbing Fjordes) bieten vielen Vögeln ein sicheres Reservat bzw. eine wichtige Zwischenstation auf ihren Wegen von Nord nach Süd und umgekehrt.

Wer sein Quartier an der Westküste wählt, muß auch wissen, daß es bis zur nächstgrößeren Stadt weit ist. Holstebro und Herning sind noch einigermaßen erreichbar, zu den großen Einkaufsmetropolen der Ostküste hingegen ist es weit. Aber vielleicht ist es ja auch das, was die Westküste so anziehend macht – die Abgeschiedenheit von dem, was wir bereits zu Hause haben.

Die Westküste, das sind Wasser, Sand und Heide

Blåvand ■ A8

Bei Blåvand beginnt das typisch westjütische Ferienhausareal, das sich fast ununterbrochen die Küste hinaufzieht. Blåvand ist der westlichste Punkt Dänemarks, von hier erstreckt sich das 40 km lange Riff Horns Rev in die Nordsee. Das Naturschutzgebiet von Skallingen liegt südlich des Ortes, teilweise ist das Gelände gesperrt. Und auch das Terrain nach Norden hin ist nicht überall zugänglich, das Militär nutzt es als Truppenübungsplatz.

Museum

Tirpitz-stillingen
Geplant war von der deutschen Besatzungsmacht im Zweiten Weltkrieg hier eine der größten Bunkeranlagen im Lande. Sie sollte dem Schutz Esbjergs dienen. Die Anlage ist allerdings nie fertiggestellt worden. Eine Ausstellung und ein Video erzählen von den Hintergründen.
Tane Hedevej
Mai–Okt. tgl. 12–17 Uhr
Eintritt 15, Kinder 5 DKK

Esbjerg ■ B8

Das Klischee vom verträumten jütischen Fischerhafen sollte man in dieser Stadt ganz schnell vergessen. Esbjerg besitzt einen der größten Häfen des Landes. Trawlerflotten sind hier ebenso stationiert wie Frachter hier ihre Ladung löschen oder Fähren Richtung England die Passagiere wechseln. Folglich prägen Fabrik- und Speichergebäude den Hafen.

Innerhalb von gut 100 Jahren ist aus einem Dorf die drittgrößte jütische Stadt geworden. Und das alles, weil Dänemark im Krieg 1864 sein südliches Hinterland verloren hatte und somit einen neuen Nordseehafen im Süden brauchte. Die Wahl fiel 1868 auf Esbjerg, zehn Jahre später war der Hafen vorerst fertig. Da blieb keine Zeit für eine gemächliche Entwicklung. Quartiere für die Arbeiter entstanden zunächst, später mehrstöckige Bauten im Zentrum, spät erst kamen auch die Einfamilienvillen am Stadtrand.

Seitdem ist Esbjerg noch weiter gewachsen. Gemütlicher ist der Ort nicht geworden. Und dennoch lohnt ein Stopp aufgrund verschiedener Sehenswürdigkeiten.

Sehenswertes

Mennesket ved havet
Nördlich der Stadt sitzen seit 1995 vier riesige Herren und schauen auf das Meer. »Der Mensch am Meer« heißt dieses Werk des Dänen Svend Wiig Hansen, das nahe des Fischereimuseums enthüllt wurde und binnen kürzester Zeit zu einer wahren Attraktion geworden ist (→ Abbildung, S. 98/99).

Museen

Bogtrykmuseet
Ein hübsches, kleines Museum, das noch die gute alte Druckereizeit dokumentiert und in dem auch noch gearbeitet wird.
Borgergade 6
Juni–Mitte Sept. 12–16, Mitte Sept.–Mai Di–So 13–16 Uhr
Eintritt 15, Kinder 8 DKK

Esbjerg Kunstmuseum
Der Schwerpunkt der Sammlung liegt auf moderner dänischer Kunst ab 1920, natürlich fehlen die großen Namen wie Mortensen und Jacobsen nicht.
Havnegade 20
Tgl. 10–16 Uhr
Eintritt 20 DKK, Kinder gratis

Motorfyrskib nr. 1
Auf dem weltgrößten Rettungsboot aus Holz werden Bilder zur Seefahrt und natürlich zu den Rettungsbooten gezeigt.
Nordre Mole bei der Fanøfähre
Mai–Okt. tgl. 10–16 Uhr
Eintritt 10, Kinder 5 DKK

Vandtårnet
Das Museum zeigt zwar auch Bilder zu Wassertürmen in ganz Europa, noch beeindruckender ist aber der von hier mögliche Blick über den gewaltigen Hafen.
Havnegade 22
Juni–Mitte Sept. 10–16, Mitte Sept.–Mai Sa, So 10–16 Uhr
Eintritt 10, Kinder 5 DKK

Fiskeri- og Søfartsmuseet
→ Mit Kindern unterwegs, S. 33

Fanø ■ A 8/B 9

Nur 13 Minuten Fährfahrt von Esbjerg entfernt liegt ein Schmuckstück. Fanø ist eines der beliebtesten jütischen Ferienziele, die Ferienhäuser und Campingplätze sind wahrlich nicht zu übersehen.

Andererseits hat sich Fanø aber auch seine Idylle bewahren können. Noch Mitte des 19. Jh. besaß Fanø Jütlands bedeutendste Fischereiflotte, **Sønderho** und **Nordby** waren wohlhabende Orte. Dann wurde jedoch Esbjerg kräftig ausgebaut, und Fanø fiel ins Nichts. Die prächtigen Fischerhäuser wurden auf dem 56 qkm großen Eiland aber erhalten und vermitteln noch einen guten Eindruck vom damaligen Wohlstand, vor allem in Sønderho.

Im Westen der Insel finden Sie einen wunderbaren Sandstrand, den Osten prägen Marsch und Wälder. An der Ostküste befinden sich auch die Vogelkojen, allerdings fängt man die Enten dort nur noch, um sie zu beringen.

DER BESONDERE TIP

Esbjerg Museum, Vestjyllands Ravnmuseum An Bernstein scheiden sich die Geister, die einen lieben ihn, die anderen strafen ihn mit Nichtachtung. In diesem Museum ist er aber dermaßen ansprechend in Szene gesetzt worden, daß sich auch eigentliche Bernstein-Gegner am Gold des Nordens erfreuen werden. Das hier ebenfalls eingerichtete Heimatmuseum liegt auch deutlich über dem Niveau vieler anderer Lokalsammlungen. Torvegade 45, tgl. 10–16 Uhr, Sept.–Mai Mo geschl., Eintritt 20, Kinder 10 DKK

Erst 1995 aufgestellt, sind diese vier Herren am Nordrand Esbjergs bereits zur Top-Attraktion geworden: »Der Mensch am Meer«

Museen

Fanø Flisesamling
Hier können Sie historische Fanøer Fliesen bestaunen, in der Hochsaison bietet das Café übrigens auch Live-Musik.
Cafe Nanas Stue, Sønderho
April–Okt. tgl. 11–22 Uhr,
Nov.–März Fr–So 12–22 Uhr
Eintritt frei

Fanø Kunstmuseum
Ein so idyllisches Plätzchen wie Fanø zieht natürlich auch Künstler an. Das Museum zeigt viele der hier in den letzten 150 Jahren entstandenen Bilder verschiedener Maler.
Nordland 5, Sønderho
Juni Sa, So 14–17, Mitte Juni–Aug. tgl. 13–18, Sept.–Okt. Sa, So 14–17 Uhr
Eintritt 15 DKK, Kinder gratis

Internationalt Historisk Legetøjsmuseum
Bis unter das Dach vollgestopft ist dieses Museum, von der Modelleisenbahn bis zur Puppe, von Zinnsoldaten bis zu Spielzeugindianern.
Herluf Trollesvej 1, Nordby
Pfingsten, Juni–Sept. Mi–Mo 10–17 Uhr
Eintritt 20, Kinder 10 DKK

Essen und Trinken

Sønderho Kro
Die Topadresse der Insel, dänisch-französische Küche von bemerkenswerter Qualität in urgemütlicher Umgebung.
Kropladsen 11
Tel. 75 16 40 09
Tgl. 12–23 Uhr
Luxusklasse (AE, DC, EC, Visa)

Ferring ■ A 5

Ein an sich nicht weiter erwähnenswerter Ort mit einem allerdings recht passablen Strand. Südlich des Ortes erhebt sich beim Bovbjerg die Landschaft auf immerhin stolze 44 m. Einer der bekanntesten Aussichtspunkte an der Küste.

Museum

Jens Søndergaards Mindemuseum
Hier stand er, Jens Søndergaard (1895–1957), und malte seine oft großformatigen, zuweilen düsteren, immer aber mitreißenden Gemälde. Die Sammlung ist nicht gerade üppig, aber dennoch eindrucksvoll genug.
Transvej 4
Di–So 11.30–17 Uhr
Eintritt 15, Kinder 5 DKK

Henne Strand ■ A 7

Einer der beliebtesten Badeorte, die Häuser liegen recht geschützt und weit genug voneinander entfernt. Kaufmann, Kioske, Bäcker, Schuhladen, für Selbstversorger ausreichend.

Essen und Trinken

Henne Kirkeby Kro
Eine der meistgerühmten Küchen Jütlands in einem gemütlichen alten Haus, leider trübt aber ein zuweilen lustloser Service das Bild.
Strandvejen 234
Tel. 75 25 54 00
Mai–Mitte Okt. tgl. 11–22 Uhr
Luxusklasse (DC, EC)

Herning ■ C 6

Herning ist sozusagen auf der grünen Wiese entstanden. Eigentlich war hier nichts, außer Heide und dem Zusammentreffen verschiedener Verkehrswege. Anfang des 20. Jh. entdeckte jedoch die Textilindustrie den Platz, Herning wuchs und wuchs, wurde auch als Messestadt wichtig. Herning ist als Handelsstadt wichtig, weniger ein typischer Touristenort.

Hotel

Hotel Eyde
Altehrwürdiges Haus im Zentrum, im »Vivaldi Restaurant« wird gute dänisch-italienische Küche serviert.
Torvet 1
Tel. 97 22 18 00, Fax 97 21 01 65
98 Zimmer
Mittlere Preisklasse (AE, DC, EC, Visa)

Sehenswertes

Tjørring Baunekirke
Die im Vorort Tjørring gelegene Kirche ist wohl eine der bemerkenswertesten im ganzen Land. Sie wurde 1977 eingeweiht und gleicht in ihrem Grundriß einem Kreuz. Das Dach erinnert an einen ausbrechenden Vulkan.

Museen

Blichermuseet på Herningsholm
Steen Steensen Blicher (1782–1848) gilt als einer der wichtigsten dänischen Schriftsteller des 19. Jh. und wird gerade hier in der mitteljütischen Heidelandschaft als deren größter Vertreter verehrt. In dem Herrenhaus von 1579, das in der Folgezeit aber mehrfach umgestaltet wurde, stehen die Heide und ihr Schreiber im Mittelpunkt.
Viborgvej 72
Mai–Okt. Di–So 11–16 Uhr, Glockenspiel 11, 13 und 15 Uhr
Eintritt 10, Kinder 3 DKK

Der Henne Kirkeby Kro gilt als eine der feinsten jütischen Adressen

Carl-Henning Pedersen og Else Alfelts Museum
Schon das Gebäude ist sehenswert. Und auch im Inneren besticht die Architektur. Natürlich widmet sich die Ausstellung allein dem Ehepaar, dessen Werk auch in vielen anderen jütischen Museen zu finden ist. Doch nirgendwo besitzen beider Bilder eine so eindrucksvolle Wirkung.
Uldjydevej 3, Birk
Mai–Okt. Di–Fr 12–17,
Sa, So 10–17, Juli zusätzlich Mo 12–17 Uhr, Nov.–April 12–17 Uhr
Eintritt 35 DKK, Kinder gratis

Danmarks Fotomuseum
Unbedingt lohnendes Museum zur Geschichte der Fotografie. Die Sammlung alter Fotoapparate muß begeistern. Hinzu kommen Wechselausstellungen.
Museumsgade 28
Di–So 13–17, Juli zusätzlich Mo 13–17 Uhr
Eintritt 20 DKK, Kinder gratis

Herning Kunstmuseum
Das Museum zeigt moderne Kunst aus dem In- und Ausland. Eindrucksvoll ist der es umgebende Skulpturenpark.
Uldjydevej 3, Birk
Mai–Okt. Di–Fr 12–17,
So, Sa 10–17 Uhr, Juli zusätzlich Mo 12–17 Uhr, Nov.–April Di–So 12–17 Uhr
Eintritt 35 DKK, Kinder gratis

Essen und Trinken

Admiralen, Mad-Kunst-Vin
Gutes, ambitioniertes Restaurant in der Innenstadt, dänisch-französische Küche, ideal auch für eine Frokostpause, denn die Mittagsgerichte sind so lecker wie günstig.
Østergade 15
Tel. 97 22 15 68
Tgl. 11.30–24
Mittlere Preisklasse (AE, DC, EC, Visa)

Das Kunstmuseum ist nur ein Teil des Kunstparks am Rande von Herning

Holstebro ■ B 5

Holstebro ist eines der wichtigsten Zentren an der Westküste. Daß sich der Ort so prächtig entwickeln konnte, wird beim Blick auf die Landkarte nachvollziehbar, denn die Stadt liegt verkehrsgünstig auf dem Weg von Südjütland nach Thy an der Storå.

Das Stadtbild selbst zeugt von einer gewissen Bauwut, viele moderne Bauten sind entstanden. Immer wieder gerne erzählt wird die Geschichte, daß Holstebro eigentlich in den 1960ern pleite war, vom letzten Geld sich eine Figur des Schweizer Giacometti leistete (sie steht vor dem Rathaus) und damit seinen Ruf als Kulturstadt begründete. In den Folgejahren wurde weiter in Kunst investiert, Besucher kamen zunehmend in die Stadt, und Holstebro erlebte einen Aufschwung. Die Fußgängerzone ist heute weitverzweigt, Holstebro ist auch für viele Ferienhausbewohner an der Westküste zur wichtigen Shoppingstadt geworden.

Museen

Holstebro Kunstmuseum/ Holstebro Museum
Das Kunstmuseum besitzt eine sehr bemerkenswerte Sammlung moderner Grafik internationaler Künstler, so Picasso und Chagall, Malerei dänischer Künstler dieses Jahrhunderts wie Leth und Heerup sowie Werke noch ganz junger Hoffnungsträger. Kunst aus Asien und Südamerika rundet die Sammlung ab. Das hier ebenfalls untergebrachte Heimatmuseum skizziert sehr facettenreich die Stadtgeschichte.
Herningvej 1
Juli–Aug. Di–So 11–17, Sept.–Juni Di–Fr 12–16, Sa, So 12–17 Uhr
Eintritt 25 DKK, Kinder gratis

Museum for Kleinkunst
Im kleinsten und ältesten Haus der Stadt eingerichtetes Mini-Museum. Die angegebenen Öffnungszeiten sind allerdings nur eine Absichtserklärung. Doch kein Problem, denn eigentlich reicht auch ein Blick durch das Fenster.
Bomhuset, Sønderlandsgade 46
Di–Fr 13–17, Sa 11–13 Uhr
Eintritt gratis

Lemvig

Lemvig ist ein beschauliches Städtchen, welches man sicherlich auch dadurch in Erinnerung behalten wird, weil Ein- und Ausfahrt der Stadt relativ steil sind.

Sehenswertes

Planetstien
Im Maßstab 1:1 Milliarde ist hier der Weltraum nachgestellt. Im Mittelpunkt steht natürlich die Sonne, sie befindet sich im Lemvig selbst. Zu den anderen Planeten kann man dann zu Fuß oder (besser) per Rad gelangen, am weitesten ist es zum 12 km entfernten Pluto. Beim Touristenbüro bekommen Sie einen Faltplan.

Museum

Museet for Religiøs Kunst
Die Malerin Bodil Kaalund, in Dänemark als Bibelillustratorin bekannt, zeigt hier ihre Sammlung religiöser Kunst, die durch Wechselausstellungen ergänzt wird. Außerdem ist hier eine interessante Grønlandausstellung zu sehen.
Strandvejen
Mitte Mai–Mitte Sept. Di–So 11–17 Uhr, Mitte Sept.–Mitte Mai Sa, So 13–16 Uhr
Eintritt 20 DKK, Kinder gratis

Ribe

■ B 9

Für jeden Jütland-Besucher ist Ribe ein Must. Es ist die älteste Stadt Dänemarks. Auch das älteste Hotel des Landes steht hier. Und einer der faszinierendsten Dome. Mit die schönsten Straßenzüge lassen sich hier entdecken. Und ein neues Wikingermuseum. Und, und, und. Es kann nicht verwundern, daß Ribe einem unglaublichen Besucheransturm ausgesetzt ist. Nicht nur im Sommer, selbst im Winter!

TOPTEN 8

Im 8. Jh. ist Ribe von Wikingern angelegt worden. 948 wird Ribe als Bischofssitz genannt. Die Stadt war ein wichtiger Hafen mit Verbindungen nach Deutschland und England. Erst nach der Reformation verlor Ribe an Bedeutung, andere Häfen an der Westküste holten auf, auch die Umfahrung der jütischen Nordspitze verlor an Schrecken. Mit der dänischen Niederlage 1864 verlor Ribe sein südliches Hinterland und geriet ein wenig aus dem Blickpunkt. So konnte die Stadt ihr historisches Straßenbild bewahren.

Hotels und andere Unterkünfte

Hotel Dagmar
Dänemarks ältestes Hotel, entsprechend stilvoll geht es auch im Inneren zu. Das Restaurant gehört zu den besten an der Westküste.
Torvet 1
Tel. 75 42 00 33, Fax 75 42 36 52
50 Zimmer
Obere Preisklasse (AE, DC, EC, Visa)

Den gamle Arrest
Vermutlich weit und breit die originellste Art des Übernachtens – in einem alten Gefängnis. Die Atmosphäre ist erhalten geblieben, der Service aber zweifelsohne freundlicher.
Torvet 11
Tel. 75 42 37 00, Fax 75 42 37 22
11 Zimmer
Mittlere Preisklasse (AE, DC, EC, Visa)

Museen

Quedens Gaard
Ein alter Kaufmannshof, der noch mittelalterlich eingerichtet ist, außerdem finden Sie eine kleine Boutique und ein Café.
Overdammen 10
Juni–Aug. 10–17, Sept.–Okt., März–Mai Di–So 11–15, Nov.–Feb. Di–So 11–13 Uhr
Eintritt 10, Kinder 3 DKK

Ribe Kunstmuseum
Überschaubares Museum mit dem Schwerpunkt auf älterer Malerei, so die Goldaltermaler wie Lundbye und Købke, aber auch Vertreter aus dem Beginn des 20. Jh. Bekanntestes Bild ist Michael Anchers »Kindstaufe in der Skagen Kirche«.
Sct. Nicolaigade 10
Feb.–Mitte Juni, Sept.–Dez. Di–Sa 13–16, So 11–16, Mitte Juni–Aug. 11–17
Eintritt 20 DKK, Kinder gratis

Ribe Vikingecenter »Lustrupholm«
Hier ist man dabei, nach und nach ein »lebendes« Museum zu errichten, um so möglichst wirklichkeitsnah das Leben zu Wikingerzeiten nachzustellen. Am ersten Maiwochenende findet hier ein großer Wikingermarkt statt.
Lustrupvej 4
Mitte Juni–Mitte Aug. Mo–Do, Sa, So 11–16 Uhr
Eintritt 30, Kinder 15 DKK

Ribe erinnert sich in Lustrupholm seiner Wikingervergangenheit

Ribes Vikinger
Neues, sehr gutes, weil nicht überladendes Wikingermuseum, auch für Kinder geeignet. Das Museum behandelt die Stadtgeschichte von den Wikingern bis ins Mittelalter.
Dagmarsgade
April–Juni, Sept.–Okt. 10–16, Juli–Aug. 10–17, Nov.–März Di–So 10–16 Uhr
Eintritt 30, Kinder 15 DKK

Essen und Trinken

Sælhunden
Einfaches wie gutes Restaurant in zentraler Lage, meist gut belegt.
Skibbroen 13
Tel. 75 42 09 46
Tgl. 10–22 Uhr
Mittlere Preisklasse (DC, EC, Visa)

Weis Stue
Urgemütliches, rustikales Lokal, immer proppevoll. Vorzügliche Frokostgerichte.
Torvet 2
Tel. 75 42 07 00
Tgl. 11–21, Juli–Aug. 10–21 Uhr
Mittlere Preisklasse

Ringkøbing ■ A 6

Ringkøbing ist ein feiner, kleiner Ort mit einem sehr ansehnlichen Viertel zwischen Markt und Hafen. Da Ringkøbing eine der wenigen Städte der Westküste ist, ist natürlich im Sommer einiges los. Sehenswürdigkeiten im klassischen Sinne besitzt die Stadt nicht, vielmehr sind es das allgemeine Stadtbild und die Lage am **Ringkøbing Fjord**, die locken.

Am Ostufer des Fjords sind einige Museen unter dem Begriff **Westjütlands Økomuseum** zusammengefaßt worden. Rund um Skjern gibt es u. a. eine alte Schmiede, eine Museumsbahn und ein kleines Bauernhaus. Aber auch die beiden unten genannten Museen. Eine Broschüre mit der Plazierung der Museen erhalten Sie vor Ort.

Sehenswertes

Fahl Kro
Am Südostufer des Ringkøbing Fjords gelegener Kro mit einer Ausstellung zur Krohistorie, aber auch zu Natur und Kultur der Umgebung. Am Wasser ist man beim Aufbau eines Wikingerhafens, u. a. werden Wikingerschiffe rekonstruiert. Von hier aus werden auch Touren mit Segel- und Ruderbooten unternommen, Informationen unter 75 28 01 43 (Fahl Kro).
Oblingvej 34, Sdr. Bork
Juni–Okt. Mai–Fr 11–17, Sa, So 13–17 Uhr
Eintritt 15 DKK, Kinder gratis

Dansk Veteranflysamling S/I
Unmittelbar am Ostufer des Fjords liegt ein kleiner Flughafen. In einem Hangar sind ca. 40 alte, überwiegend aber noch flugtüchtige Flugzeuge ausgestellt. Nördlich des Flughafens weiß der große Windkraftpark zu beeindrucken.
Lufthavnsvej, Stauning
Mai–Okt. 11–17 Uhr
Eintritt 25, Kinder 5 DKK

Skive ■ C 5

Skive ist ein nettes Städtchen am Limfjord. Das Zentrum gleicht dem vieler anderer jütischer Städte, idyllische Bebauung sucht man vergebens. Reizvoll ist allerdings die Lage am Limfjord.

Museen

Hjerl Hede
→ Mit Kindern unterwegs, S. 33

Skive Kunstmuseum
Manch Besucher wird die Sammlung vielleicht als bedrohlich empfinden, denn die Bilder sind oft sehr expressiv in ihrem Ausdruck. Doch schnell gewöhnt man sich an diesen gewaltigen Anblick und erliegt der Faszination. Natürlich fehlen die großen Namen der dänischen Kunsthistorie nicht. Wer es ruhiger mag, kann im Sommerhalbjahr die volkstümlichen Gemälde von Hans Smidth genießen, der in seinem Werk die Umgebung Skives festhielt.
Havnevej 14
Okt.–Mai Di–So 14–17, Juni–Sept. Mo–Fr 11–17, Sa, So 14–17 Uhr
Eintritt 15, Kinder 2 DKK

Einkaufen

Staarup Hovedgaard
→ Der Besondere Tip, S. 30

Spøttrup Borgmuseum ■ B4

Kaum erkennbar lugt die Burg hinter dem mächtigen Wallgraben hervor. Klein wirkt sie, die besterhaltene spätmittelalterliche Burg Dänemarks. Und auch wenn man durch das Tor schreitet, ergibt sich noch nicht das Gefühl von Größe. Merkwürdigerweise ändert sich der Eindruck dann aber, wenn man das Innere betritt. Hier wirken die Säle vergleichsweise großzügig, was nicht nur an der kargen Einrichtung liegt. Es wächst zudem das Gefühl, diese Burg müsse uneinnehmbar sein.

Das mag sich auch der Viborger Bischof gedacht haben, der einst Besitzer des Anwesens war. Später kam das Gebäude in Privatbesitz, und erst 1937 erwarb es der Staat.
Borgen 6
Mai–Aug. tgl. 10–17, April So 11–17, Sept. tgl. 10–17, Okt. tgl. 10–16 Uhr
Eintritt 20, Kinder 5 DKK

Spøttrup ist Dänemarks besterhaltene Burg aus dem Mittelalter

Struer ■ B 5

Struer ist die Heimat der weltbekannten Elektronikfirma Bang & Olufsen, ansonsten aber ein wenig attraktives Unterzentrum.

Museum

Struer Museum og Johannes Buchholtz Hus
Wer sich für die historische Entwicklung der B & O-Geräte interessiert, erhält hier einen ersten Überblick. Außerdem gibt es neben einer umfangreichen lokalhistorischen Sammlung eine feine Sammlung von Landschaftsmalerei. Johannes Buchholtz (1882–1940) war seinerzeit einer der populärsten dänischen Schriftsteller, die Einrichtung seines Hauses ist originalgetreu erhalten.
Søndergade 23
Juni–Sept. Mo–Fr 10–17, Sa, So 13–17, Okt.–Mai Mo–Do 10–16, So 13–17 Uhr
Eintritt 15 DKK, Kinder gratis

Søndervig ■ A 6

Typischer Touristenort mit Einkaufszentrum und Ferienhäusern.

Museum

Elvis Presley Museum
Reklamiert für sich den Titel, das einzige Elvis-Museum außerhalb der USA zu sein. Fotos, Platten, Zeitungsausschnitte, Elvis-Fans werden es mögen.
Nordsøvej 4
Mo–Sa 9.30–17 Uhr
Eintritt 40, Kinder 10 DKK

Thyborøn ■ A 4

Ein typischer Ferienort, jede Menge Kutter, gleich am Hafen Fabriken zur Weiterverarbeitung der Fänge, ansonsten eine Mischung alter und neuer Häuser. Von Norden her empfiehlt sich die Anfahrt mit der Fähre von Agger, kommt man von Süden, passiert man die wenig attraktiven Schornsteine von »Chemienova«

Are you lonesome tonight?

(u. a. Pflanzenschutzmittel). Beachtenswert sind die zahlreichen Bunkerreste, die Sie am Strand hinter dem Schneckenhaus finden. Sie ziehen sich von hier nordwärts, dort steht am Ende auch ein Ausstellungsbunker.

Museum

Sneglehuset
Vollständig mit Schnecken und Muscheln beklebt ist dieses Haus, ein einmaliger Anblick. Im Inneren Buddelschiffe und natürlich jede Menge weiterer Muscheln und Schnecken. Und selbstverständlich ein kleiner Shop.
Klitvej 9
April–Okt. 9–18 Uhr
Eintritt 10, Kinder 5 DKK

Ulfborg ■ A 6

Ulfborg ist ein einfacher, rund um den Bahnhof entstandener Ort. Südwestlich des Ortes nahm die alternative Tvind-Bewegung in den 1970ern ihren Anfang. Die Tvind-Schulen wollten Praxis und Theorie stärker verbinden. Seit aber bekannt wurde, daß es sich bei Tvind um ein straff organisiertes Finanzimperium handelte, ist der Staat eingeschritten, hat Zuschüsse gestrichen, und Schulen mußten schließen.

Museum

Strandingsmuseum »St. George«
Recht originelles Museum, zeigt es doch die Funde nach Strandungen großer Schiffe, insbesondere der beiden britischen Kriegsschiffe »St. George« und »Defence« 1811.
Vesterhavsgade 1e, Thorsminde
April–Okt. 11–17, Nov.–Dez. Sa, So 13–16, Jan.–März Mo–Mi 11–15, Sa, So 13–16 Uhr
Eintritt 20 DKK, Kinder gratis

Varde ■ B 8

Trotz der Nähe zu dem so mächtigen Esbjerg hat sich die 11 000-Einwohner-Stadt gut entwickeln können. Varde ist ein überschaubarer Ort mit einigen recht hübschen Winkeln jenseits der Fußgängerzone. Zum Pflichtprogramm wie z. B. Ribe gehört Varde aber nicht.

Museen

Minibyen
Wie Varde um 1860 aussah, zeigt diese Ministadt im Maßstab 1:10, ideal auch für Kinder.
Arnbjerg Anlæg
Mitte Mai–Mitte Sept. 10–18, Mitte Sept.–Mitte Okt. Mo–Fr
Eintritt 15, Kinder 5 DKK

Varde Artellerimuseum
Kanonen, Gewehre, Uniformen und sonstige militärische Produkte vom Mittelalter bis heute zeigt dieses Museum, eines der besten seiner Art.
Vestervold 11
Tgl. 11–17 Uhr
Eintritt 15, Kinder 5 DKK

Aalestrup ■ D 4

Eher unbedeutender Ort im Himmerland mit einem allerdings sehr schönen Rosengarten.

Museum

Danmarks Cykelmusem
Natürlich muß ein so radlerfreundliches Land wie Dänemark auch ein Fahrradmuseum besitzen. Es ist das einzige Skandiaviens und zeigt neben ca. 200 Fahrrädern auch Mofas, Zubehör und Radios.
Borgergade 10
April–Okt. 10–17 Uhr
Eintritt 20, Kinder 5 DKK

Es muß ja nicht immer das Ferienhaus mit festem Standort sein. Weshalb nicht einmal ein unbekanntes Jütland auf einer Rundtour kennenlernen?

Die Straßen sind gut, das Radwegnetz ist hervorragend, die Entfernungen sind gering, das Unterkunftsangebot ist vorzüglich – wer Jütland auf einer Rundtour erkunden möchte, besitzt alle Möglichkeiten. Vielleicht reizt ganz besonders eine Tour unter historischen Gesichtspunkten.

Der Heerweg von der Grenze hinauf nach Viborg bietet zumindest Radlern eine attraktive Möglichkeit. Er verläuft durch eine sehr abwechslungsreiche Binnenlandschaft mit einigen wirklichen Sehenswürdigkeiten wie etwa den Jellingsteinen.

Eine kürzere Tour führt rund um Djursland, Jütlands Nase. Drei Städte und jede Menge Dörfer passieren Sie während der Fahrt, und immer ergeben sich Möglichkeiten für einen abkühlenden Sprung in die Ostsee.

Die Margerite ist das Symbol für eine ausgeschilderte Tour durch ganz Dänemark. Sie führt über meist kleinere Straßen zu vielen klassischen Sehenswürdigkeiten, vergißt dabei aber nicht die landschaftliche Schönheit des Landes. Das gilt auch für den Abschnitt, der durch Jütland führt und den Weg von Åbenrå im Südosten hinauf fast bis Skagen im Norden und entlang der Nordsee wieder zurück nach Tønder im Südwesten weist.

Alle angesprochenen Orte sind im Kapitel »Sehenswerte Orte und Ausflugsziele« ausführlicher dargestellt.

Insbesondere Djursland besitzt eindrucksvolle Alleen

Der Heerweg

Dänemark besitzt zehn nationale Radfernwanderwege, von denen sich sieben ganz oder teilweise durch Jütland ziehen. Einer davon ist der Heerweg, gekennzeichnet als die Route 3. Er ist der Klassiker.

Der Heerweg ist schon seit Jahrtausenden bekannt. Als Handelsweg führte er ursprünglich von Viborg hinunter ins heutige Schleswig-Holstein. Für Pilger war er nur ein Teil des großen Weges nach Santiago de Compostela. Und im Mittelalter wurden auf diesem Weg die großen Rinderherden gen Norden oder Süden getrieben, weshalb der Weg in seinem südlichen Teil auch Ochsenweg heißt.

Ausgangspunkt der Radtour ist **Flensburg**. Hier orientieren Sie sich zum westlich gelegenen Ortsteil Harrislee. Parallel zu den Bahnschienen überqueren Sie die Grenze bei **Padborg** und **Frøslev**.

Unmittelbar hinter der Autobahnüberquerung bei Frøslev liegt linker Hand die **Frøslev Plantage**. Dort befindet sich auch das einstige Gefangenenlager aus dem Zweiten Weltkrieg, heute ein Museum.

In der Folgezeit wechseln reizvolle Abschnitte durch Wälder mit den Landstraßenetappen. Besondere Vorsicht ist immer dann geboten, wenn sich die Strecke einer Autobahnauffahrt nähert, LKWs und PKWs fahren da zum Teil recht rücksichtslos.

Sehr idyllisch ist der Übergang über die **Gejl Å**, die später folgende Brücke **Povlsbro** ist wohl eines der bekanntesten Fotomotive des Heerweges.

Urnehoved war einst ein bedeutender Versammlungsort, heute ist er nur noch ein idealer Platz für eine kleine Rast.

In **Hjordkær** finden Sie eine Steinsetzung in Radform. Sie ist Teil einer Grabanlage aus der Steinzeit. Die **Damgard Mølle**, fünf Kilometer nördlich von Rødekro, aus dem Jahre 1867 ist Dänemarks einzige Buchweizenmühle. Sie liegt westlich der Straße 24. Hinter Hovslund Storby steht ein imposanter Runenstein, der **Hærulfsten**. Dann erreichen Sie die **Immervad Bro**, eine Brücke aus großen behauenen Steinen. **Holmshus Stendysser** ist eine ca. 5000 Jahre alte Grabanlage aus der Steinzeit.

Vojens ist für seine Speedwaybahn bekannt, **Jels** für sein Planetarium und seine Wikingerspiele. Von Jels geht es auf meist beschaulichen Straßen nach **Askov**. Unterwegs passieren Sie die Kongeå, den alten Grenzfluß. Das Gebiet südlich des Flusses gehörte früher zum Herzogtum Schleswig. Nach dem Krieg 1864 dann zum Deutschen Reich, und erst mit der neuen Grenzziehung 1920 änderte sich das wieder.

Askov selbst besitzt für die dänische Geschichte eine wichtige Rolle, wurde doch hier 1844 die erste Volkshochschule begründet. **Vejen** ist eine recht stark frequentierte, unter dem Durchgangsverkehr leidende Ortschaft mit einem guten Kunstmuseum.

Die Jellingsteine, Dänemarks Taufurkunden

Bis **Baekke** begleitet Sie wieder heftiger Autoverkehr. Danach wird es zwar ruhiger, zunehmend aber auch vom Gelände her etwas anspruchsvoller. Nördlich des Ortes erkennen Sie mit **Klebæk Høje** eine 45 Meter lange Schiffssetzung. Großartig dann die Skulpturen von Robert Jacobsen und Jean Clareboudt, die man bei **Tørskind grusgrav** sieht. In **Mølvang** sollten Sie kurzfristig vom eigentlichen Heerweg abweichen. Denn es ist nur ein kurzes Stück bis **Jelling**, und die Runensteine, Dänemarks Taufurkunden, sollten Sie gesehen haben.

Wieder zurück auf dem Heerweg, ist **Givskud** Ihre nächste Station. Zwar ist der dortige Löwenpark recht spektakulär, doch da Sie mit dem Rad nicht auf das Gelände mit den Löwen dürfen (sonst wäre Ihre Tour nämlich schneller beendet als geplant), können Sie sich den Abstecher eigentlich auch sparen. Und Ihre Kräfte auch, denn waren Sie bei Vejen noch auf ca. 50 Meter, so erreichen Sie nun bei **Nørre Kollemorten** 138 Meter. Das klingt manchen nach vielleicht nicht viel, doch bei entsprechendem Wind ist hier schon so mancher verzagt.

Zwar behaupten die Jüten, daß die ein Stückchen nördlich gelegene **Øster Nykirke** mit 127 Metern Dänemarks höchstgelegene Kirche ist, doch wird sie tatsächlich von der Rutskirke auf Bornholm um vier Meter übertroffen.

Nach einer kurzen Unterbrechung behält die Streckenführung nun ihren grünen Charakter bei. Nördlich von **Nørre Snede** geht es wieder hinein in die Wälder. Zum Teil muß recht heftig in die Pedale getreten werden, mancher schiebt lieber. Oder sucht während einer Rast nach Beeren. Östlich von **Vrads** entspringt Dänemarks längster Fluß, die Gudenå. Asklev, Funder Kirkeby und Kragelund heißen die nächsten Dörfer, wobei in **Kragelund** die romanische Kirche mit ihrem schönen Südportal einen Besuch wert ist. Danach geht es wieder über die offene Landschaft.

In **Thorning** steht das **Blicheregnens Museum** mit einer Sammlung über den Schriftsteller Steen Steensen Blicher sowie einer lokalhistorischen Sammlung.

Traumhaft schön wird es nun nochmals am **Hald Sø**, einer hügeligen Landschaft, die unübersehbar von den sich zurückziehenden Massen der Eiszeit geformt wurde. Der Hald Sø ist bis zu 34 Meter tief. **Dollerup Bakker** ist eine Heidelandschaft, die mitunter herrliche Ausblicke zuläßt. Der Hof **Hald Hovedgård** ist bereits der fünfte seiner Art, die vier Vorgänger liegen östlich bzw. südlich von ihm, es gibt ein kleines Faltblatt mit einer Übersicht. Und dann ist endlich, endlich **Viborg** erreicht.

Länge: ca. 220 km
Dauer: 2–3 Tage
Karte: → Klappe vorne und hinten

Djursland rund

Unterkünfte bieten sich für den ersten Abschnitt in Bonnerup, Gjerrild oder Grenå an, für den zweiten der Raum Ebeltoft, für den dritten in Randers.

Von **Randers** aus geht es in nordöstlicher Richtung auf der Regionalroute 9 Richtung Mellerup. Sie befinden sich hier relativ dicht am Randers Fjord, müssen aber bereits mit der ein oder anderen Steigung rechnen. Doch die Aussicht entschädigt. Auffällig ist dann der **Støvringgård**, ein Renaissancehof aus dem Beginn des 17. Jahrhunderts.

Bei **Mellerup** nehmen Sie die Fähre und setzen über den Fjord Richtung Voer. Dort etwas südlich, bis Sie auf die nationale Radroute 2 stoßen. Hier wählen Sie die Ausschilderung nach Ørsted. Weiter nach **Vivild**, das ein kleines Lokalmuseum besitzt.

Tustrup Stenhuse ist eine eindrucksvolle Sammlung historischer Gräber. Wem nach einer Pause ist, kann einen Schlenker nach **Fjellerup Strand** unternehmen und dort in die See springen. Ansonsten geht es auf der Route 2/5 weiter.

Der Herrenhof **Mejlgård** ist ein imposanter Renaissancebau, dessen Park Sie besuchen dürfen, außerdem gibt es eine kleine Gaststätte. **Bønnerup Strand** ist ein Ferienhausgebiet, auch einen Campingplatz gibt es hier. **Gjerrild** besitzt eine schöne Kirche mit sehr wertvollen Kalkmalereien. Der Herrenhof **Sostrup** gehört heute den Zisterziensern, Sie dürfen aber auch hier den Park besuchen oder sich im Lokal stärken. Die Kirche von **Voldby** besitzt im östlichen Gewölbe Dänemarks älteste Darstellung eines Kriegsschiffes. Dann ist **Grenå** erreicht.

Von hier geht es Richtung Ebeltoft. Unterwegs sehen Sie schöne Höfe aus dem 17. Jahrhundert wie **Katholm** und später **Rugård**. Eine phantastische Aussicht haben Sie dann vom 49 Meter hohen **Jernhatten**, Teil einer Randmoräne. Die Höhenunterschiede sind auf diesem Abschnitt für dänische Verhältnisse recht heftig. Schließlich sind Sie in **Ebeltoft**.

Von hier nach **Rønde**. Kurz vor Rønde liegt unmittelbar am Wasser **Kalø Slotsruin**, der Rest einer einstmals stolzen Burg. Sie fahren weiter auf der Route 5, bis kurz vor der Autobahn die Regionalroute 3 abzweigt. Sie führt Sie nach **Hornslet**. Nördlich des Ortes steht mit **Rosenholm Slot** eines der schönsten jütischen Schlösser. Wenn Sie später auf die Straße 16 stoßen, können Sie einen Schlenker nach Auning unternehmen, dort befinden sich das Landwirtschafts- und das Herrenhofmuseum.

Ansonsten geht es weiter nach **Allingåbro**. Dort gibt es ein Eisenbahnmuseum. Dann wechseln Sie auf die nationale Radroute 2 und kommen über Assentoft wieder nach Randers.

Länge: ca. 180 km
Dauer: ca. drei Tage
Karte: → Klappe vorne

Grenå ist vor allem als Fährstadt wichtig

Mit der Margerite durch Jütland

Auf den schönsten Straßen der Region Jütland kennenzulernen ist mittels des Autos oder des Rades gleichermaßen möglich. Das ist eher eine Frage der Zeit. Ganz sicher ist es aber die faszinierendste Möglichkeit, Jütland zu erkunden.

Die vorgeschlagene Tour führt die Ostküste hinauf und an der Westküste wieder zurück. Umgekehrt ist sie natürlich ebenso denkbar wie mit der ein oder anderen Variante oder Abkürzung.

Ausgelassen wird so zu Beginn schon Sønderborg mit der Insel Als. Von hier aus könnte man die Margeritenroute auf Fünen fortsetzen, doch ist das ja nicht das Ziel dieser Tour.

Der Einstieg beginnt an der Straße 8 unmittelbar hinter der Grenze. Westlich der Autobahn E 45 führt die Straße nach **Gejlå** und weiter über kleine Straßen hinein nach **Åbenrå**. In Schlenkern geht es weiter gen Norden, unterwegs passieren Sie die Kirche in **Osby**.

Von **Haderslev** führt Sie die Strecke zunächst auf der recht lebhaften Straße 170 bis **Christiansfeld**. Herrlich dann der Weg hinunter in den kleinen Badeort **Hejlsminde**. Hier möchte man bleiben, am Wasser sitzen, träumen, doch es geht weiter nach Kolding. Vorbei ist es vorerst mit dem Wasser. **Billund** (Legoland!) ist die nächste Station.

Hinter Billund verlassen Sie die Margeritenroute kurzfristig. Bei **Lindeballe** folgen Sie statt dessen der Ausschilderung nach Jelling, wo Dänemarks Taufurkunden stehen. Hier nehmen Sie einen anderen Zweig der Margerite auf, der Sie wieder Richtung Wasser führt. **Horsens** ist die nächste größere Stadt. Doch nun gilt es, eine schwierige Entscheidung zu fällen. Wieder ins Binnenland zur Silkeborger Seenplatte? Oder lieber am Wasser bleiben und hinein nach Århus?

Dänemark ist Meer, deshalb verlassen wir Horsens auf der Straße 451 Richtung Århus, die nicht zur Margeritenroute gehört. Ab **Søndrup** folgen wir der Margerite dann wieder. Von **Hov** legt das Schiff nach Samsø ab, was uns aber heute kaum interessiert.

Denn dicht am Wasser fahren wir weiter Richtung Århus. Herrlich ist die Einfahrt von Süden her, in **Moesgård** gibt es u. a. ein historisches Museum und den Sommersitz der Königin, Marselisborg.

Ist **Djursland** notwendig? Eigentlich schon, wer die Zeit hat, sollte den Schlenker über die Hügel bei Mols, das puppenstubenhafte Ebeltoft, Grenå mit seinem Kattegatcenter und Fjellerup mit seiner Sommerhaussiedlung in jedem Fall unternehmen.

Wer schneller gen Norden will, besucht zwar auch bei Hornslet noch **Schloß Rosenholm**, kürzt bald darauf aber bei Hvilsager die Tour ab und fährt auf der Straße 563 nach **Auning**. Auning besitzt ein Landwirtschafts- und ein Herrenhofmuseum. Der Margerite folgend, fahren Sie nach **Randers**. Von hier zieht es die Blume nun ins Binnenland, in einem weiten Bogen geht es auf **Viborg** zu. Kein notwendiger Umweg. Statt dessen empfiehlt sich der Weg über Bjergby, Spentrup und Kærby direkt gen Norden nach **Mariager**. Dort begegnen Sie der Margerite wieder und folgen ihr am Mariager Fjord nach **Hadsund**. Und von hier aus geht es in das eindrucksvolle Waldgebiet von **Rold Skov**. Aalborg wird ausgelassen, statt dessen fahren Sie hinter Støvring ostwärts endlich wieder an die Ostsee. Erst bei Åsa gibt es einen Umweg wieder ins Binnenland zu Schloß **Dronninglund** (Hotel). Von dort aus geht es wieder nordöstlich ans Meer. Sie können den Schlenker aber auch auslassen und kommen so schneller nach **Voerså**.

Saeby und **Frederikshavn** sind die nächsten Stationen, dann flüchten Sie sich vor dem vielen Autoverkehr gen Skagen ins Binnenland. Bei **Tuen** an der Straße 597 können Sie sich dann doch noch für den Weg nach Skagen und Grenen entscheiden, die Margerite sieht ihn nicht vor.

Die möchte lieber wieder gen Süden und folgt deshalb bis **Fjerritslev** konsequent dem Küstenverlauf an der Nordsee.

Bei **Østerild** ist eigentlich ein Umweg nach **Hanstholm** und dann der Weg weiter nach **Thisted** vorgesehen. Doch wenn Sie nicht unbedingt ins dortige Aquarium wollen, lohnt dieser Weg kaum, fahren Sie lieber direkt nach Thisted. Und genießen Sie die Fahrt über die **Insel Mors**.

Der 1941 in Århus aufgestellte Brunnen »Agnete und der Meermann«

Von hier führt die Margerite westwärts nach **Agger**, und von nun an fahren Sie konsequent am Wasser gen Süden. Einzig der Abstecher nach **Ringkøbing** bildet eine Ausnahme. Erst südlich des Ringkøbing Fjords bei Nymindegab verlassen Sie vorübergehend das Wasser.

Esbjerg wird erreicht, bald **Ribe**, **Skærbæk**, ein letztesmal wieder an die Nordsee, dann der lohnende Abstecher nach **Møgeltønder**. **Tønder** ist erreicht. Das Ende der Tour.

Länge: ca. 800 km ohne Schlenker
Dauer: 1–2 Wochen
Karte: → Klappe vorne und hinten

Auskunft

Dänisches Fremdenverkehrsamt
Postfach 101329
20095 Hamburg
Tel. 040/32 02 10, Fax 32 02 11 11
Auch für Österreich und die Schweiz zuständig.

Ausweise

Deutsche, Österreicher und Schweizer benötigen einen Personalausweis oder einen Reisepaß, der noch drei Monate gültig ist. Die Ausweiskontrollen sind strenger geworden, da die Zahl der illegalen Einreiseversuche nach Dänemark deutlich zugenommen hat.

Bevölkerung

Von den ca. 5,2 Millionen Dänen lebt ungefähr die Hälfte in Jütland. Dänemark ist in 14 Verwaltungsbezirke (**amter**) eingeteilt, sieben davon liegen in Jütland. Größtes Amt ist das von Århus, es folgen die von Nordjylland, Vejle, Ringkøbing, Sønderjylland, Viborg und schließlich Ribe. Größte Stadt ist auch Århus mit 275 000 Einwohnern, zugleich Dänemarks zweitgrößte Stadt. Auf den weiteren Plätzen folgen Aalborg (158 000), Esbjerg (82 000), Randers (61 000) und Kolding (59 000).

Botschaften

Bundesrepublik Deutschland
Stockholmsgade 57
2100 Kopenhagen Ø
Tel. 35 26 16 22

Österreich
Grønningen 5
1270 Kopenhagen
Tel. 33 12 46 23

Schweiz
Amaliegade 14
1256 Kopenhagen K
Tel. 33 14 17 96

Knapp die Hälfte der Dänen wohnt in Jütland

Feiertage

Am 1. Jan., Gründonnerstag, Karfreitag, Ostermontag, Großer Bettag (vierter Freitag nach Ostern), 1. Mai (ab 12 Uhr), Christi Himmelfahrt, Pfingstmontag, 5. Juni (Verfassungstag, ab 12 Uhr) und am 25. und 26. Dez. bleiben die Geschäfte geschlossen.

Geld

Eine Krone = 100 Øre. Münzen gibt es als 25 und 50 Øre sowie 1, 2, 5, 10 und 20 Kronen (DKK). Scheine als 50, 100, 200, 500 und 1000 Kronen.

Leicht zu verwechseln sind jeweils die Øre-Münzen, die 1- und 2-Kronenstücke und die 10- und 20-Kronenmünzen, die nur geringfügig in der Größe differieren. Beiträge zwischen einer und 24 Øre werden auf- bzw. abgerundet.

Kreditkarten, insbesondere Eurocard und Visa, werden fast durchgehend akzeptiert.

Zum Umrechnen brauchen Sie den Kronenpreis einfach nur zu vierteln, schon haben Sie den ungefähren DM-Preis.

Banken haben Mo–Mi, Fr 9–16 Uhr geöffnet, Do 9–18 Uhr.

Medizinische Versorgung

Benötigen Sie einen Arzt, so schauen Sie im Telefonbuch unter **læge** nach, einen Zahnarzt finden Sie unter **tandlæge**. Auch die Touristenbüros helfen Ihnen.

Die medizinische Versorgung in Dänemark ist ausgezeichnet. Ihre Krankenkasse wird Ihnen, gegen entsprechenden Nachweis, in Deutschland die Kosten erstatten, die vergleichbar daheim angefallen wären. Vergessen Sie nicht, von Ihrer Krankenkasse das Formular E 111 mitzunehmen.

Notruf

Tel. 1 12

Wechselkurs-Umrechnungstabelle

DKK	DM	sFr	ÖS
1	0,27	0,22	1,89
5	1,35	1,12	9,45
10	2,69	2,24	18,83
20	5,38	4,48	37,66
30	8,07	6,72	56,49
50	13,45	11,20	94,15
100	26,90	22,41	188,30
250	67,25	56,00	470,75
500	134,50	112,05	941,50
750	201,75	168,00	1412,25
1000	269,00	224,10	1883,00

Stand: November 1996

Post

Briefe und Postkarten bis 20 g ins Ausland kosten derzeit 4 DKK.
Die Postämter haben in der Regel Mo–Fr 9.30–17 Uhr geöffnet, Sa 9.30–12 Uhr.

Reisewetter

Die wärmsten Monate sind der Juli und der August, wobei der August aber auch schon einmal etwas feuchter werden kann. Am trockensten ist der Mai, eine ideale Reisezeit für all jene, die unabhängig von Schulferien sind. Die Urlauberdörfer an der Westküste erwachen, die Museen haben nun garantiert auf, die Restaurants ebenso, dennoch müssen Sie in den Häusern noch keine Hochsaisonpreise zahlen. Auch der September ist noch recht mild.

Zum Herbst und Winter hin sinken die Temperaturen sehr schnell. November und Dezember sind die Monate mit dem meisten Niederschlag. Aber selbst im Sommer kann es nicht schaden, Regenzeug im Gepäck zu haben. Und einen dicken Pulli für den späten Abend werden Sie selbst im Juli mitunter benötigen.

Sprache

Liest man das Dänische in aller Ruhe, so erscheint die Sprache eigentlich nicht so schwer. Gesprochen sieht das schon ganz anders aus, da erscheint einem die Sprache als reines Kauderwelsch. »Goddag« wird dann nicht so ausgesprochen wie geschrieben, sondern »Goddau«. Andererseits wird man im Urlaub kaum Probleme haben, fast überall wird hervorragend Deutsch gesprochen.

Wichtig ist zu beachten, daß hinter dem Buchstaben »Z« noch die Buchstaben »Æ«, »Ø« und »Å« folgen, was auch in diesem Buch so umgesetzt wurde. Viellerorts wird allerdings für den letzten Buchstaben noch auf die historische Schreibwei-

Die genauen Klimadaten von **Vestervig (Westküste)**

	Durchschnittliche Temperaturen in °C		Sonnenstunden pro Tag	Regentage	Wassertemperatur in °C
	Tag	Nacht			
Januar	2,2	-1,9	1,3	13	5
Februar	2,1	-2,7	2,4	9	4
März	4,6	-1,1	4,0	8	4
April	9,3	2,5	6,2	8	6
Mai	14,7	6,3	8,0	7	9
Juni	17,6	9,9	8,5	8	13
Juli	19,8	12,6	8,1	10	15
August	19,6	12,7	6,6	11	15
September	16,7	10,3	5,5	12	14
Oktober	11,8	6,3	2,9	12	12
November	7,3	3,1	1,4	14	10
Dezember	4,5	0,8	0,9	14	7

Quelle: Deutscher Wetterdienst, Offenbach

se zurückgegriffen, aus »Å« wird dann wieder »Aa«. Auch »x« gibt es nicht mehr, statt dessen gibt es nun ein »ks« wie bei »Leksikon«.

Telefon

Kartentelefone sind mittlerweile ebenso üblich wie Münztelefone. Telefonkarten gibt es für 20, 50 und 100 DKK. Man erhält sie beim Zeitungshändler ebenso wie bei der Post.
DK → D 00 49
DK → A 00 43
DK → CH 00 41
D, A, CH → DK 00 45

Verkehrsregeln

Auf Autobahnen darf 110 km/h gefahren werden. Außerhalb von Ortschaften dürfen Sie nicht schneller als 80 km/h fahren, innerhalb von 50 km/h. Tagsüber muß Abblendlicht eingeschaltet werden, es besteht Gurtpflicht, die Promillegrenze liegt bei 0,8 %.

Zeitungen

Überall in Jütland bekommen Sie tagesaktuell die großen überregionalen deutschen Tageszeitungen, ebenso Illustrierte. Die Dänen selbst bevorzugen die Boulevardzeitungen »Ekstra Bladet« und »B.T.« sowie die Abonnementszeitungen »Morgenavisen Jyllands-Posten«, »Politiken« und »Berlingske Tidende«. Am Freitag finden Sie in der »Jyllands-Posten« auch einen Veranstaltungskalender für das Wochenende.

Zoll

Trotz der offenen Grenzen innerhalb der EU gibt es in Richtung Dänemark Beschränkungen. EU-Bürger dürfen 1,5 l Spirituosen und 300 Zigaretten einführen, Nicht-EU-Bürger nur 1 l und 200 Zigaretten. Für andere Waren muß für die Behörden erkennbar sein, daß diese, z. B. Bier und Kaffee, für den persönlichen Bedarf bestimmt sind und mit ihnen nicht gehandelt wird.

Allein für einen solchen Moment lohnt die Fahrt an die Westküste

10 000–8700 v. Chr.
Nachdem das Eis geschmolzen ist, wird Jütland besiedelt. Die Menschen ernähren sich als Rentierjäger.

8700–4000
Jägersteinzeit. Jütland ist bewaldet.

Um 4000 v. Chr.
Die Landwirtschaft entsteht.

1800–500 v. Chr.
Bronzezeit. Ihr folgen die vorrömische Eisenzeit, die römische Eisenzeit und die germanische Eisenzeit.

700–1035
Wikingerzeit. 826 unternimmt Ansgar einen ersten Christianisierungsversuch. Um 900 beginnt die Bildung des dänischen Staates, als Gründungsurkunde gelten die Steine von Jelling.

826
Der fränkische Mönch Ansgar nimmt seine Missionstätigkeit in Dänemark auf.

854
Erste Erwähnung Ribes.

11. Jahrhundert
Mit dem Ende der Wikingerzeit 1035 hält die katholische Kirche Einzug.

1326
König Valdemar erklärt in einer Handverschreibung, daß Dänemark und Schleswig niemals unter einem Königreich vereint sein werden.

14. und 15. Jahrhundert
Der Staat ist hochverschuldet, die Kreditgeber besitzen de facto das Land. Erst Valdemar Atterdag (1340–1374) kann es wieder einen. Seine Tochter Margrethe I. eint Dänemark, Schweden und Norwegen zur Kalmarer Union, aus der Schweden 1448 wieder austritt.

1448
Christian I. wird auch Herzog von Schleswig und Holstein und verspricht, daß beide Herzogtümer »op ewig ungedeelt« sein werden. Christian ist der erste König des Oldenburger Hauses.

1536
Reformation während der Regierung von Christian III., Reformator ist Hans Tausen. In dieser Zeit blüht der Handel mit anderen Ländern auf.

1559
Unter Frederik II. wird Dithmarschen erobert.

1627
Wallensteins Truppen fallen in Jütland ein. Zwei Jahre zuvor hatte Dänemark in den Dreißigjährigen Krieg eingegriffen, war jedoch 1626 bei Lutter am Barenberg geschlagen worden.

17. Jahrhundert
Dänemark ist mehrfach mit Schweden im Krieg. Schwedische Truppen vernichten zahlreiche jütische Städte. Dänemark muß Besitzungen in Schweden und Norwegen an Schweden abtreten.

1660
Einführung des Absolutismus, die Krone wird vererbbar.

1813
Dänemark muß den Staatsbankrott erklären.

1814
Nach Beendigung der Napoleonischen Kriege muß Dänemark Norwegen an Schweden abgeben.

1818–1828
Große Landwirtschaftskrise, der Staat muß 50% der Höfe übernehmen.

1827
Erste Dampfschiffsverbindung zwischen Kopenhagen und Jütland.

5. Juni 1849
Dänemark erhält sein Grundgesetz. Absolutismus und Adelsprivilegien werden abgeschafft, die Staatskirche wird eingeführt.

1850
Die Streitigkeiten zwischen Dänemark sowie den Herzogtümern Schleswig und Holstein, die sich aus dem Verbund lösen wollen, enden mit der Schlacht bei Idstedt, Dänemark gewinnt.

1863
Ende der Herrschaft des Oldenburger Hauses. Christian IX. ist der erste König des Glücksburger Hauses.

1863/64
Dänemark will sich Schleswig einverleiben. Preußen und Österreich erklären Dänemark den Krieg. Dänemark verliert die Schlacht bei Dybbøl und muß Südjütland abtreten.

1920
Nach der deutschen Niederlage im Ersten Weltkrieg kommt es zur Volksabstimmung in Südjütland. Der nördlichste Wahlkreis entscheidet sich für Dänemark, die beiden anderen für den Verbleib bei Deutschland. Die noch heute gültige Grenzziehung ist festgelegt.

1935
Die Brücke von Jütland nach Fünen, die Lillebæltsbro, ist fertig.

1940–1945
Deutsche Truppen fallen in Dänemark ein. Die Westküste wird befestigt, Bunkeranlagen entstehen. Am 5. Mai 1945 kapitulieren die Deutschen in Dänemark.

1948
Der neun Kilometer lange Rømødamm ist fertiggestellt.

1955
Bonn-Kopenhagener Erklärung, die die Rechte der Minderheiten beiderseits der Grenze festschreibt.

1972
Königin Margrethe II. besteigt den Thron.

1973
Die Folketingswahl wird zum Schock, statt fünf Parteien sitzen nun zehn im Parlament. Die nächsten 20 Jahre besitzt keine Regierung die parlamentarische Mehrheit, sondern muß sich von Fall zu Fall die Zustimmung sichern.

1992
Die Dänen lehnen mit knapper Mehrheit die Maastrichter EU-Verträge ab. In einer zweiten Abstimmung entscheiden sie sich doch für die Annahme.

1995
Gedenkfeiern zum 50. Jahrestag der deutschen Kapitulation, u. a. mit einer Laserstrahl-Stafette entlang der jütischen Westküste.

Prinz Joachim heiratet Alexandra Manley, das Paar zieht in Schloß Schackenborg (bei Tønder) ein.

1996
Silkeborg feiert sein 150jähriges Stadtjubiläum.

Orts- und Sachregister

Hier finden Sie die in diesem Band beschriebenen Orte und Ausflugsziele. Außerdem enthält das Register die Hotels, wichtige Stichworte, landessprachliche Bezeichnungen sowie alle Tips dieses Reiseführers. Wird ein Begriff mehrfach aufgeführt, verweist die **fett** gedruckte Zahl auf die Hauptnennung. Die **Buchstaben-Zahlen-Kombinationen** nach den Seitenangaben verweisen auf die Planquadrate der Karten.

A

Aalessen (Hvalpsund, Tip) 26; C4
Agger 117
Allingåbro **60**, 114; E5
Als 85; D10/D11
Anholt 58
Ans 5
Antiquitäten (Stårup, Tip) 30; C5
AQUA (Silkeborg) 74
Aquarium 31; E5
Arbejder-, handværker og Industrimuseet (Horsens) 68
Askov 111
Auning 58; E5

B

Baekke 113
Bahnverbindungen 14
Bangsbo Museum (Frederikshavn) 43
Bed & Breakfast 20
Bernstein (Tip) 97
Billund 12, 58, **61**, 116; C8
Bjerringbro 5, **61**; D5
Blicheregnens Museum (Thorning) 113
Blichermuseet på Herningsholm (Herning) 101
Blåvand 94, **96**; A8
Bogtrykmuseet (Esbjerg) 96
Brundtlandcenter 85; C10
Bruunshåb gamle Papfabrik (Viborg) 78
Bryggeri- og Egnsmuseum (Fjerritslev) 43
Brødremenighedens Kirke (Christiansfeld) 86
Brødremenighedens Museum (Christiansfeld) 86
Budolfi Kirke (Aalborg) 54
Bulbjerg 43; C3
Bunkermuseet (Frederikshavn) 43
Bønnerup Strand 114

C

Carl-Henning Pedersen og Else Alfelts Museum (Herning) 102
Center Mobilium (Billund) 61
Christiansfeld **85**, 116; C9
Clausholm Slot 61; E5

D

Damgaard Mølle 111
Danish Viking Art (Als) 85
Danmarks Cykelmuseum (Aalestrup) 109
Danmarks Fotomuseum (Herning) 102
Danmarks mekaniske Dukkemuseum (Rømø) 91
Dansk Landbrugsmuseum (Auning) 58
Dansk Plakatmuseum (Århus) 82
Dansk Veteranflysamling (Ringkøbing) 106
Den Gamle By (Århus) 33; E6
Djurs Sommerland (Grenå) 66
Djursland 58, 110, **114**, 116
Dollerup Bakker 113
Domkirke (Viborg) 78
Dronninglund 117
Dybbøl 9, 84, **86**; D11

E

Ebeltoft 58, **62**, 114; F6
Egtved 64; C8
Egtvedpigens Grav (Egtved) 64
Ejer Bavnehøj 65; D7
EL-Museet (Bjerringbro) 61
Elvis Presley Museum (Søndervig) 108
Ertebølle 8
Esbjerg 58, 94, **96**, 117; B8
Esbjerg Kunstmuseum 96
Esbjerg Museum (Tip) 97

F

Fahl Kro (Ringkøbing) 106
Fanø 8, **97**; A8/B9
Fanø Flisesamling 100
Fanø Kunstmuseum 100
Ferring 100; A5
Fiskeri- og Søfartsmuseet (Esbjerg) 33; B8
Fjellerup Strand 114
Fjerritslev **43**, 117; C3
Forhistorisk Museum Moesgård (Århus) 82
Fotomuseum (Herning) 102
Fredericia 65; D8
Fredericia Historiske Miniby 66
Frederikshavn 42, **43**, 117; E2
Fregatte Jylland (Ebeltoft) 63
Freilichtmuseum 31
Frøslev 111
Frøslev Plantage 111
Frøslevlejeren 87; C11
Fur 13, **44**; C4
Fur Museum 45
Fængelsemuseet (Horsens) 68
Fårup Sommerland (Saltum) 33; D2

G

Galerie Skagen 50
Gamle Rådhus (Ebeltoft) 63
Gammel Estrup (Auning) 58
Gejl Å **111**, 116
Geografisk Have (Kolding) 70
Givskud 113
Givskud Zoo 33; C7
Gjern 66; D6
Gjerrild 114

Glasmuseum (Ebeltoft) 63
Golf 36
Grenå **66**, 114; F5
Grenen 13
Grenen Kunstmuseum (Skagen) 50
Gråsten 87; C10
Gudenå 5, **58**

H

Haderslev 9, **87**, 116; C9
Haderslev Domkirke 88
Hadsund 117
Hald Hovedgård 113
Hald Sø 113
Hanstholm **45**, 117; B3
Heerweg 111
Hejlsminde 116
Helligåndsklostret (Aalborg) 54
Henne Strand 94, **100**; A7
Herning 94, **101**; C6
Herning Kunstmuseum 102
Hirtshals 45; D1
Hirtshals Museum 45
Historiecenter Dybbøl Banke (Dybbøl) 87
Historische Züge (Tip) 34
Hjejlen (Silkeborg) 74
Hjemsted Oltidspark 88; B10
Hjerl Hede (Sevel) 33; B5
Hjordkær 111
Hjørring 46; E 2
Hobro 58, **67**; D4/D5
Holmshus Stendysser 111
Holstebro 94, **103**; B5
Holstebro Kunstmuseum 103
Holstebro Museum 103
Hornslet 114
Horsens 58, **67**, 116; D7
Horsens Kunstmuseum (Tip) 68
Hvide Sande 94
Hærulfsten 111

I

Ibsen Samling af nyere Kunst (Hobro) 67
Immervad Bro 111
Internationalt Historisk Legetøjsmuseum (Fanø) 100

J

Jelling 58, **70**, 113; C8
Jels 111
Jens Bangs Stenhus (Aalborg) 56
Jens Søndergaards Mindemuseum (Ferring) 100
Jernhatten 114
Jesperhus (Nykøbing) 48
Jysk Automobilmuseum (Gjern) 66

K

Kalø Slotsruin 114
Katholm 114
Kattegatcenter (Grenå) 33; F5
Klebæk Høje 113
Klima 120
Klosterkirke (Horsens) 68
Kniplehusets Museum (Møgeltønder) 90
Kolding 5, 8, 58, **70**; C8/C9
Kollund 88; C11
Kongeå 8
Kragelund 113
Kro 19
Krudttårnsmuseet (Frederikshavn) 44
Kulturhistorisk Museum (Randers) 72
Kunstmuseet (Hjørring) 46
Kunstmuseet Trapholt (Kolding) 70
Kunstmuseum og Exlibrissamling (Frederikshavn) 43
Kvindemuseet (Århus) 83

L

Legoland (Billund) 31, **34**; C8
Lemvig 103
Limfjord 8, 13, 42, 58, 94
Lindeballe 116
Lindholm Høje (Aalborg) 8, **56**
Ludvigslyst (Svejbæk, Tip) 74; D6
Læsø 46; F2
Løgumkloster 88; B10
Løkken 47; D2
Lønstrup 47; D2
Låsby Kro (Hotel, Låsby, Tip) 20; D6

M

Mariager 58, **71**, 117; D4
Marselisborg Slot (Århus) 81
Mejlgård 114
Mellerup 114
Mennesket ved havet (Esbjerg) 96
Michael og Anna Anchers Hus (Skagen) 50
Minibyen (Varde) 109
Moesgård 116
Mors 13, **117**
Motorfyrskib nr. 1 (Esbjerg) 97
Museet for Religiøs Kunst (Lemvig) 103
Museet på Koldinghus (Kolding) 71
Museet på Sønderborg Slot (Sønderborg) 92
Museum for Kleinkunst (Holstebro) 103
Museumscenter Hanstholm 45
Møgeltønder **90**, 117; B10
Mølvang 113
Maarup Kirke (Lønstrup) 47

N

Nachtwächter (Ebeltoft) 63
Nationalmuseets Kommandergaard (Rømø) 91
Nikolai Kirke (Vejle) 76
Nordjyllands Kunstmuseum (Aalborg) 56
Nordsømuseet (Hirtshals) 45
Nykøbing 48; B4
Nymindegab 94
Nørre Kollemorten 113
Nørre Snede 113

O

Osby 116

P

Padborg 111
Planetstien (Lemvig) 103
Povlsbro 111
Preisklassen (Hotels) 20
Preisklassen (Restaurants) 26

Q
Quedens Gaard (Ribe) 105

R
Randers 5, 58, **72**, 114, 117; D5
Randers Kunstmuseum 72
Randers Regnskov 72
Rebild Bakker 42, **48**; D4
Reisewetter 120
Ribe 10, 12, **104**, 117; B9
Ribe Kunstmuseum 105
Ribe Vikingecenter Lustrupholm 105
Ribes Vikinger (Ribe) 106
Ringkøbing **106**, 117; A6
Ringkøbing Fjord 94
Rold Skov 42, **48**, 117; D4
Rosenholm Slot **73**, 114, 116; E6
Rubjerg Knude (Lønstrup) 47
Rugård 114
Råbjerg Mile (Skagen) 42, **50**
Rådhus (Århus) 81
Rømø 84, **91**; B9/B10
Rønde 114

S
Samsø 73; E7/E8
Silkeborg 5, 58, **73**; D6
Silkeborg Kulturhistoriske Museum 75
Silkeborg Kunstmuseum 75
Silkeborger Seenplatte 5, 13, **58**
Skagen 42, **49**, 110; E1
Skagens Museum 51
Skallingen 94
Skamlingsbanken 91; D9
Skanderborg 76; D7
Skive 106; C5
Skive Kunstmuseum 107
Skovgaardsmuseet (Viborg) 78
Skærbæk 117
Sneglehuset (Thyborøn) 109
Sostrup 114
Spezialitäten 23
Spøttrup Borgmuseum 107; B4
Staarup Hovedgaard (Tip) 30; C5
STENO (Århus) 34; E6
Strände 35, **37**
Strandingsmuseum St. George (Ulfborg) 109
Struer 108; B5
Struer Museum og Johannes Buchholtz Hus 108
Støvringgård 114
Svenske Hul 44
Sæby 42, **52**, 117; E2
Sæbygaard Herregårdsmuseum (Sæby) 52
Sønderborg 84, **91**; D11
Sønderjyllands Kunstmuseum (Tønder) 93
Søndervig 108; A6
Søndrup 116

T
Tange Sø 5
Telegrafregimentets Historiske Samling (Fredericia) 66
Thisted **53**, 117; B3
Thorning 113
Thyborøn 94, **108**; A4
Tilsandede Kirke (Skagen) 50
Tinnet Krat 5
Tipperne 94
Tirpitz-stillingen (Blåvand) 96
Tivoliland (Aalborg) 56
Tjørring Baunekirke (Herning) 101
Trøjborg (Tønder) 93
Tuen 117
Tustrup Stenhuse 114
Tønder 9, **92**, 110, 117; B10
Tørring 5
Tørskind grusgrav 113

U
Ulfborg 109; A6
Understed 53; E2
Urnehoved 111

V
Vandtårnet (Esbjerg) 97
Varde 109; B8
Varde Artillerimuseum 109
Vejen 111
Vejers 94
Vejle 58, **76**; C8/C9
Vejle Kunstmuseum 77
Verkehrsregeln 121
Vestjyllands Ravnmuseum (Esbjerg, Tip) 97
Viborg 10, 58, **77**, 110, 113, 117; C5
Vikingegård ved Fyrkat (Hobro) 67
Vikingemuseet (Århus) 83
Vivild 114
Voergård Slot 53; E2
Voerså 117
Vojens 111
Voldby 114
Vor Frue Kirke (Århus) 82
Vrads 113

W
Wetter 120
Wikingermuseum 31
Willumsen Samlingen (Hjørring) 46

Y
Yding Skovhøj 65; D7

Z
Zeitungen 121
Zoll 121
Zoo (Givskud) 33; C7

Æ/Ø/Å
Åbenrå 9, **93**, 110, 116; C10
Aabenraa Museum (Åbenrå) 93
Aalborg 5, 10, 12, 42, **54**, 58; D3
Aalborg Historiske Museum 56
Aalborgtårnet 56
Aalestrup 109; D4
Århus 5, 10, 58, **79**; E6
Århus Domkirke 82
Århus Kunstmuseum 83
Øm Kloster Museum (Skanderborg) 76
Øster Nykirke 113
Østerild 117

An unsere Leserinnen und Leser:

Wir freuen uns, Ihre Meinung zu diesem Reiseführer zu erfahren. Bitte schreiben Sie uns, wenn Sie Berichtigungen und Ergänzungsvorschläge haben oder wenn Ihnen etwas besonders gut gefällt:

Gräfe und Unzer Verlag
Reiseredaktion
Stichwort: MERIAN live!
Postfach 40 07 09
Isabellastraße 32
80707 München

Alle Angaben in diesem Reiseführer sind gewissenhaft geprüft. Preise, Öffnungszeiten usw. können sich aber schnell ändern. Für eventuelle Fehler übernimmt der Verlag keine Haftung.

Lektorat und Bildredaktion:
Jan Scherping
Kartenredaktion:
Dagmar Piontkowski

Gestaltung: Ludwig Kaiser
Umschlagfoto:
U. Haafke: Råbjerg Mile
Karten: Kartographie Huber
Produktion: Helmut Giersberg
Satz: A. v. Sohlern
Druck und Bindung: Appl, Wemding
ISBN 3-7742-0455-1

Fotos
U. Haafke 6/7, 21, 27, 38, 44, 46, 60, 69, 86, 105
H. Jennerich 18, 95
A. Mosler 4, 5, 8, 11, 22, 25, 29, 31, 35, 36, 41, 42, 47, 51, 52, 55, 57, 59, 63, 64, 65, 67, 71, 73, 78, 82, 84, 87, 89, 90, 92, 98/99, 101, 108, 110, 112, 115, 118, 121
J. Scherping 2, 75, 80, 107
N. Scherping 16, 32, 53, 102, 117

Dieses Buch wurde auf chlorfrei gebleichtem Papier gedruckt

1. Auflage 1997